insel taschenbuch 4843
Ellinor Skagegård
Fanny Mendelssohns unerhörtes Gespür für Musik

W0040733

Ellinor Skagegård

Fanny Mendelssohns
unerhörtes Gespür
für Musik

Aus dem Schwedischen
von Regine Elsässer

Insel Verlag

Die Originalausgabe erschien 2019 unter dem Titel
För dig ska musiken bara vara ett smycke bei Leopard Förlag, Stockholm.

Erste Auflage 2021
insel taschenbuch 4843
Deutsche Erstausgabe
© Insel Verlag Berlin 2021
© 2019, Leopard Förlag, Sweden
Vertrieb durch den Suhrkamp Taschenbuch Verlag
Umschlaggestaltung: Designbüro Lübbeke, Naumann, Thoben, Köln
Umschlagabbildungen: Trevillion Images, Brighton: Frau (Susan Fox);
plainpicture, Hamburg: Klavier (Marie Docher)
Satz: Satz-Offizin Hümmer GmbH, Waldbüttelbrunn
Druck: C. H. Beck, Nördlingen
Printed in Germany
ISBN 978-3-458-68143-4

Für Belle

Inhalt

Vorwort

Über die Familie Mendelssohn ist schon sehr viel geforscht und geschrieben worden, vor allem über den bekanntesten Sohn der Familie, Felix. Aber auch seine ältere Schwester hat seit den 1980er Jahren viele Musikwissenschaftlerinnen fasziniert.

Mein Buch ist keine wissenschaftliche Arbeit, ich möchte lebendig und auf leicht zugängliche Art die Geschichte einer genialen Musikerin erzählen, der man aufgrund von Klassenzugehörigkeit, Geschlecht und ethnischer Herkunft einen Platz in der Öffentlichkeit verweigert hat. Es ist die Geschichte über den Menschen Fanny und die sehr besondere Verbindung zu ihrem Bruder Felix. Zudem hoffe ich, einen Zugang zu der Musik schaffen zu können, die in der Welt der Geschwister einen so großen Raum eingenommen hat.

Die beiden großen Biografien über Fanny waren sehr wichtiges Ausgangsmaterial für mich, und hier besonders *Fanny Hensel – The Other Mendelssohn* von R. Larry Todd und *Die verkannte Schwester – Die späte Entdeckung der Komponistin Fanny Mendelssohn Bartholdy* von Françoise Tillard. Aber vor allem haben mir die 279 Briefe, die Fanny an ihren Bruder geschrieben hat, als primäre Quellen für dieses Buch gedient.

Fannys Sohn, Sebastian Hensel, hat der Mendelssohn-Forschung mit seinem zweibändigen Werk *Die Familie Mendelssohn 1729 bis 1847* die wichtigste Grundlage geliefert. Er hat die Briefe zusammengestellt, kommentiert und so die Familiengeschichte erzählt. Natürlich war er ein Sohn seiner

Zeit und als solcher war es sein Bestreben, das Leben einer kulturell bedeutsamen, hervorragend integrierten Familie zu erzählen, man muss deshalb so manche seiner Deutungen kritisch betrachten.

Ich habe mir bei meiner Arbeit gewisse literarische Freiheiten genommen. Ich weiß natürlich nicht, was ein Mensch, der vor zweihundert Jahren lebte, wirklich gedacht und gefühlt hat oder wie die Wellen sich an einem bestimmten Tag bewegt haben. In solchen Fällen habe ich mich, soweit das möglich war, an Hinweise gehalten, die ich in Briefen, Tagebüchern, Porträts und anderen Fakten über die Familie Mendelssohn gefunden habe.

Nachdem ich mich lange mit der Primär- und Sekundärliteratur und natürlich auch der Musik beschäftigt habe, ist Fannys Person und Stimme hervorgetreten. Dieses Buch ist meine Interpretation ihres Lebens und Werks, so wie es vielleicht ausgesehen hat.

Prolog

Der Notenständer ist leer. Der Klavierdeckel ist geschlossen, eine Staubschicht bedeckt die braune glänzende Fläche. Die Septembersonne zeichnet friedliche Streifen auf den Holzboden, aber der Tisch mit dem Kruzifix liegt im Schatten. Von den grün gestrichenen Wänden schauen Mitglieder der Familie Mendelssohn herab, mit großen, ausdrucksvollen Augen, die vielleicht mehr den Maler als sie selbst charakterisieren.

Über vier Monate sind seit dem schrecklichen Tag vergangen. Jemand, vielleicht Rebecka oder Wilhelm, hat aufgeräumt, aber niemand hat seither einen Fuß in Fannys Zimmer gesetzt. Als Felix über die Schwelle tritt, durchzuckt es ihn. Auf einmal wird ihm schwarz vor Augen und er muss sich an dem hellen Holztisch niederlassen. Als er nach einer Weile die Augen wieder öffnet, fällt sein Blick auf eine aufgeschlagene Ausgabe der *Allgemeinen musikalischen Zeitung*.

Er beugt sich über den Tisch, blickt auf die Zeitungsseite und findet, was er sucht: »*Mendelssohns Ausdrucksweise ist höchst präzis, er sagt lieber zu wenig als zu viel, er baut stets auf einen Gedanken und rundet das Ganze auf leicht verständliche Weise. Die Lieder der Frau F. Hensel sind komplizierter; der Phantasie ist hier freiere Bewegung gestattet, die Form breiter angelegt, nicht selten durch einen antithetischen Mittelsatz größere Mannigfaltigkeit erzielt.*«

Die Zeilen legen sich schwer auf seine Brust. Warum ist er nicht öfter zu Besuch gekommen, hat ihre Nähe gesucht?

Das hätte ihm gutgetan, aber noch mehr ihr, das weiß Felix. Und vor allem, warum hat er sie nicht öfter ermuntert und sie bei ihrer Musik unterstützt? Wie oft hat sie ihm aus der Patsche geholfen, hat alles beiseitegelegt, um ihm beizustehen, und sei es auch nur, um ihm eine Partitur zu schicken, die er brauchte? Im Nachhinein ist es ihm unbegreiflich, aber nun ist es zu spät.

Bei ihrer letzten Begegnung, im Februar, war sie so glücklich. Das konnte er sich kaum als sein Verdienst anrechnen. Mit Dankbarkeit und einem Gefühl der Schuld dachte er an ihren Mann. Ihr waren die beiden Männer gleich lieb, aber Wilhelm ließ Fanny nie im Stich, im Unterschied zu ihm selbst.

Auf dem Tisch liegt außerdem ein ordentlicher Stapel Papier, Felix hebt ihn hoch und legt ihn vor sich. Er will wenigstens jetzt tun, was er kann, um ihr ein wenig Gerechtigkeit widerfahren zu lassen. Entschieden, aber ohne Begeisterung geht er die Partituren durch, Seite für Seite, Takt für Takt. Bei einem neu geschriebenen romantischen Klaviertrio in d-Moll in vier Sätzen hält er sich besonders lange auf. Er hat selbst ein Trio in der gleichen Tonart komponiert, und als er Fannys Trio studiert, meint er, ihre Stimme zu hören. Als würde sie durch die Musik auf seine Komposition antworten, genau wie sie es noch vor kurzem getan hat.

Der erste Satz, *Allegro molto vivace*, ist fantastisch, mit seinem gewagten Thema und einer Klavierstimme, die so hervorragend mit den Streichern verschmilzt. Der zweite Satz, *Andante espressivo*, ist zurückhaltender, sie kehrt zur kontrapunktischen Technik zurück, die sie beide geformt hat. Als er zum dritten Satz kommt, brennen seine Augen. Es ist kein Scherzo wie in seinem Trio, sondern ein schlichtes und einfaches Lied ohne Worte.

Als er fertig ist, steht er auf und nimmt einige ausgesuchte Partituren mit. Er bleibt noch einen Moment in der Tür stehen, dann schließt er sie hinter sich. Die Erholung, die sein Aufenthalt in der Schweiz ihm gebracht hat, ist dahin. Felix fühlt sich durch und durch grau, als hätte man ihm seine Jugend genommen. Die Zeilen, die er Wilhelm kurz nach Fannys Tod geschrieben hat, kommen ihm mehr als wahr vor: »*Das ganze Irdische sieht uns anders aus, und wir wollen versuchen zu lernen und einzuschränken, aber bis wir's gelernt haben, ist wohl auch unser Leben vergangen.*«

Zum allerletzten Mal verlässt er das Haus Leipziger Straße 3. Keine zwei Monate später wird auch Felix im Grab liegen, neben seiner Schwester – Fannys Musik muss noch weitere 150 Jahre warten, bis sie die Welt erreicht.

I. Finger, die Bach-Fugen spielen

»Seit meinem vierten Jahr begann die Musik die erste
meiner jugendlichen Beschäftigungen zu werden. So
frühe mit der holden Muse bekannt, die meine Seele
zu reinen Harmonien stimmte, gewann ich sie, und
wie mir es wohl deuchte, sie mich wieder lieb.«
Ludwig van Beethoven

Fanny weiß, dass er in der Tür steht und sie durch halb ge-
schlossene Augen betrachtet. Die braunen Locken tanzen
um sein Gesicht. Ungeduldig tritt er von einem Fuß auf
den anderen, wartet, bis sie endlich aufhört zu üben.

Aber noch ist es nicht so weit. Zum gefühlt hundertsten
Mal an diesem Nachmittag spielt sie das erste Präludium
aus Johann Sebastian Bachs *Das Wohltemperierte Klavier*. Wei-
che Arpeggios über einen C-Dur-Akkord. Technisch ist es
ein leichtes Stück, aber umso schwieriger, das richtige Gefühl zu erzeugen, und Mittel- und Ringfinger machen nicht
ganz, was sie will.

Ihr Vater hat Geburtstag, und sie will ihn am Abend überraschen und alle vierundzwanzig Stücke auswendig spielen.
Sie hat Monate geübt. Abraham ist kein Mann des überschwänglichen Lobs, aber wenn sich der barsche Mund zu
einem kleinen stolzen Lächeln verzieht, ist das aller Mühen
wert.

Wohlmeinende Verwandte sind der Ansicht, das Vorhaben sei eine zu große Herausforderung für ein so junges
Mädchen. Aber Fanny ist nicht wie andere Dreizehnjährige.

Wenn ihre gleichaltrigen Freundinnen von Kleidern und Jungen plappern, fühlt sie sich ausgeschlossen. Abgesehen von der Gesellschaft ihrer Geschwister, fühlt sie sich am wohlsten, wenn sie mit Erwachsenen zusammen ist, wo ihre Ernsthaftigkeit und ihre etwas barsche Art akzeptiert werden. Trotz ihrer großen, seelenvollen Augen, die viele Betrachter faszinieren, ist sie die am wenigsten anziehende der vier Geschwister. Aber, gesteht ihr eine ihrer Cousinen diplomatisch zu, sie wird sich schon noch entwickeln und mit der Zeit attraktiv werden, denn sie ist sehr intelligent.

Im Zimmer nebenan sitzt Lea und liest. Fanny weiß, die Mutter schaut ins aufgeschlagene Buch auf dem Schoß, ihre Konzentration ist jedoch mindestens zur Hälfte auf das Klavierspiel von jenseits der Wand gerichtet. Ist es zu lange still, kommt bald ein strenges: »Fanny, was machst du?« Lea selbst hat Bachs Präludien unendlich oft gespielt und kennt jeden Ton. Aber bald ist der lange Arbeitstag vorbei und Fanny darf eine Weile mit Felix zusammen sein, bevor es Zeit für den großen Auftritt ist. Sie weiß, er wartet ungeduldig darauf, dass sie sich umdreht und ihm all ihre Aufmerksamkeit widmet. Er ist es gewohnt, sie von ihr und von allen anderen zu bekommen.

Ihr kleines Lamm, ihr Hamlet.

Am Abend zuvor haben sie sich mit einem neuen Spiel vergnügt. Sie hat den ersten Teil eines Klavierstücks komponiert, ihn dann Felix gegeben, der hat weitergeschrieben und ihr zurückgegeben, und immer so weiter. Daraus wurde eine Montage, in der jedes Teil neu und einzigartig ist und doch in das große Muster passt. Felix' Strophen sind melodiös und leicht, Fannys etwas freier und leidenschaftlicher. Aber es gibt Gemeinsamkeiten, als würden sie zwar die gleiche Sprache sprechen, jedoch mit unterschiedlichen Wörtern und Betonungen.

Später werden sie dieses Musikspiel zu einem ganz neuen musikalischen Stil entwickeln, den *Liedern ohne Worte*, einer Serie von kurzen, lyrischen Klavierstücken, eng verwandt mit Schumanns *Noveletten*. Diese *Lieder ohne Worte* werden Felix Mendelssohn sehr berühmt machen, er wird zu einem der einflussreichsten Komponisten in Europa.

Aber all das liegt noch in einer fernen Zukunft. Fanny bewegt die Finger mit einem kurzen Ritardando über den abschließenden Triller. Sie entspannt die Schultern und atmet aus, ihre Wangen sind rosig nach der Anstrengung. Noch bevor sie sich umdrehen kann, kommt Felix und setzt sich neben sie ans Klavier. Schwester und Bruder spielen zusammen.

An dem Tag, als Fanny Mendelssohn geboren wird, am 14. November 1805, erreichen die französischen Truppen Wien. Der Friede von Amiens, der das Ende der langen Revolutionskriege besiegeln sollte, war nicht mehr als eine Atempause. Napoleon hatte sich zum Kaiser von Frankreich ausgerufen und kontrolliert nun die Niederlande, die Schweiz und Teile von Italien. Bald wird er sich auch den deutschen Fürstentümern zuwenden.

Abraham Mendelssohn hatte schon einige Jahre zuvor gespürt, wie die Stimmung in Berlin härter wurde. Er verlässt das in seinen Augen staubige und unterdrückte Provinzkaff und begibt sich geradewegs in das Maul des Feindes – in das offene und liberale Paris. Er schwört, nie wieder nach

Hause zurückzukehren, und nimmt eine Arbeit als Assistent bei der Foulds Bank in der Rue Bergère an.

Der junge Jude mit den lockigen Haaren, einem entschlossenen Zug um den Mund und einem auffordernden Blick hinter den runden Brillengläsern musste, als sein Vater Moses Mendelssohn starb, mit zehn Jahren von der Schule abgehen. Aber als Sohn eines der größten Philosophen der Aufklärung, bekannt als »der deutsche Sokrates«, stand er auf einem festen Grund. Sein Vater hatte ihn ein neugieriges Interesse für seine Umwelt gelehrt.

»*Je préférerais manger du pain sec à Paris!*«, ich bevorzuge trocken Brot in Paris, sagt Abraham selbstsicher, als seine Schwester Henriette sich Sorgen um seine Zukunft macht. Sie fürchtet, er könnte in Paris, weit weg von Familie und Kontakten, nur für andere arbeiten müssen und nie etwas eigenes aufbauen. »*Du pain sec ist freilich nicht zu verachten [...] aber es könnte auf die Länge [...] du pain amer – bitteres Brot werden*«, antwortet sie dem kleinen Bruder.

Juden war es lange Zeit verboten, sich in Berlin niederzulassen. Aber als der österreichische Kaiser Leopold I. um 1670 alle Juden aus Wien und dem südlichen Österreich auswies, wandten sich viele an den preußischen Kurfürsten Friedrich Wilhelm von Brandenburg und baten um Gnade. Dieser akzeptierte – nicht aus Wohlwollen, sondern aus ökonomischen Gründen – die fünfzig reichsten Juden aus Wien. Für 2000 Taler pro Kopf, eine Summe, die heute 80 000 Euro entspricht, wurden sie zu sogenannten »Schutzjuden«.

Sie mussten bestimmte Industrien verwalten und sich einer ganzen Reihe von Restriktionen unterwerfen. Außerdem mussten sie hohe Gebühren bei Lebensereignissen wie Heirat oder Geburt zahlen. Der Hof war in vielerlei Hinsicht von der ökonomischen Unterstützung durch die Schutzjuden abhängig, die reichsten Juden standen ihrem Fürsten oft sehr nahe.

Unter der Regierungszeit von Friedrich dem Großen, 1740 bis 1786, bekamen einige sehr reiche Juden zusätzliche Privilegien und fast die gleichen Rechte wie andere Deutsche. Für die Mehrheit der Juden jedoch verschärften sich die Restriktionen und das Leben verschlechterte sich, mit dem Ergebnis, dass die Kluft innerhalb der jüdischen Gruppen größer wurde. Trotz des harten Lebens wuchs die jüdische Bevölkerung, nicht zuletzt aufgrund der Eroberungen des Königs. Zehntausende Juden kamen allein durch die drei sogenannten schlesischen Kriege (1740 bis 1763) unter preußische Herrschaft.

Die Überredungsversuche der Schwester konnten Abraham also nicht nach Berlin locken. Aber während eines kurzen Besuchs in seiner Heimatstadt verliebt er sich in Daniel Itzigs Enkelin, Lea Salomon. Daniel Itzig war 1761 einer der wenigen Juden in Berlin, die »generelle Privilegien« zugesprochen bekamen, also die gleichen Rechte wie andere Bürger besaß. Etwas später wurde er sogar Staatsbürger, der Grund war natürlich, dass er einer der reichsten Männer Preußens war. Als Abraham Lea kennenlernt, verkörpert die Familie Itzig weit mehr als ökonomisches Kapital. Man legt großen Wert auf Kultur und Bildung, und das galt nicht nur für die Männer, sondern auch für die Frauen.

Schon früh nimmt Leas Mutter Bella Klavierstunden bei dem Bach-Schüler Johann Philipp Kirnberger. Einige ihrer Schwestern führen gut besuchte intellektuelle Salons, ein aus Paris übernommenes Phänomen, das in Berlin gegen Ende des 18. Jahrhunderts aufkam, Gastgeberinnen waren meist gebildete Jüdinnen.

Auch Lea hat eine gründliche Ausbildung genossen. Sie spricht und schreibt französisch, englisch und italienisch und kann Homer im Original lesen. Als junge Frau ist sie am liebsten in der Sommerresidenz ihres Großvaters, wo sie über ein kleines Zimmer mit Klavier, Bücherregalen und Schreibtisch verfügt. »*Hier entwickelte sich mein Gefühl, hier entfaltete sich zuerst der jugendlich Sinn [...] mit erhöhter Empfindung las ich hier meine Dichter [...]selbst die schwachen Töne, die meine ungeübten Finger hervorlocken, wähne ich hier melodischer und reiner*«, schreibt sie in einem Brief.

Und so wird sie später von einem Freund der Familie beschrieben: »*Lea war nicht schön, aber reizend durch ihr sprechendes schwarzes Auge, durch ihren Sylphidenwuchs, durch ihr zartes, bescheidenes Benehmen und ihre geistvolle Unterhaltung voll heller Verstandesblitze und treffendem, aber immer schonend geäußertem Witz.*«

Im Unterschied zu Abraham, der nur ein begeisterter Musikhörer ist, spielt sie Klavier, und genau wie ihre Mutter am liebsten Bach. Die Musik wird das stärkste Band zwischen ihr und ihrer Tochter Fanny sein.

In einer der ergiebigsten Quellen über die Familie Mendelssohn, vor allem über Fanny, in den Memoiren ihres Sohns Sebastian Hensel, bekommt Lea eine eher untergeordnete Rolle zugeschrieben, was die Erziehung der Kinder angeht, Abraham hat größeres Gewicht. Diese Memoiren, meint die Musikhistorikerin Marion Wilson Kimber, sind parteiisch zu nennen, denn die Familie lebte nach den herrschenden Normen und Geschlechteridealen. Wenn man Leas Ausbildung bedenkt, ihr Heranwachsen umgeben von intellektuellen Frauen, ihre eigene Musikalität und die Tatsache, dass sie am Leben ihrer Kinder immer sehr aktiv teilgenom-

men hat, dann hätte sie erheblich mehr Platz verdient. Es ist
Lea zu verdanken, dass Fanny ihre Musikalität in weit höherem Maße ausleben konnte, als es für Frauen des Bürger-
tums üblich war.

———

Als Jungvermählte wäre Abraham es am liebsten gewesen,
wenn seine Frau mit ihm nach Paris gezogen wäre, aber davon wollte deren Familie nichts wissen, das Paar bleibt in
Berlin. Ihre Ehe mit einem einfachen Assistenten wurde
gar nicht gern gesehen – auch wenn der ein Sohn des berühmten Moses Mendelssohn war.

Aber die Sorge ist unbegründet. Zusammen mit seinem
Bruder Joseph betreibt Abraham jetzt in Berlin eine Bank.
Die Geschäfte laufen sehr gut, und die Brüder eröffnen bald
eine Filiale in der freien Stadt Hamburg, wohin Abraham
und Lea 1804 umziehen.

Sie kommen in ein belebtes und lautes Hafendelta, hunderte von Schiffen bewegen sich über die Elbe nach Europa
und Amerika. Mit seinen 130 000 Einwohnern ist Hamburg
Europas zweitgrößte Hafenstadt – ein idealer Ort für einen Geschäftsmann am Beginn seiner Karriere – und noch
herrscht hier Frieden. Zehn Jahre zuvor hatten die Regieren-
den in Hamburg außerdem beschlossen, ein neues »Juden-
reglement« einzuführen, und als Folge davon konnte man
in dieser Stadt als Jude erheblich besser leben als in Preußen.
Man musste zum Beispiel keine anderen Steuern bezahlen
als die übrigen Einwohner. Aber Synagogen waren verboten,
Juden durften ihre Religion nur privat ausüben, eine Bestimmung, die bis in die Mitte des 19. Jahrhunderts bestehen bleibt.

Viele Juden, die in Hamburg arbeiten, entscheiden sich deshalb dafür, drei Kilometer außerhalb der Stadt zu wohnen, im von Dänen kontrollierten Altona, wo es eine Synagoge gibt. Abrahams Mutter, Fromet, lebt dort, aber dennoch lässt die Familie Mendelssohn sich in Hamburg nieder.

Eine eigenartige Entscheidung für eine religiöse Familie, jedoch vernünftig für eine säkulare, meint der Musikprofessor und Autor Jeffrey S. Sposato, der auch betont, dies sage etwas über Abrahams Einstellung zu seinem jüdischen Erbe aus. Man wisse wenig über die frühen Jahre von Fanny und Felix, sie wurden laut Sposato nicht in den jüdischen Registern geführt, ein Zeichen dafür, dass die Familie nicht am jüdischen Leben teilnahm.

Abraham und Lea ziehen in ein großes dreistöckiges Haus, das sie sich mit seinem Bruder Josef Mendelssohn und dessen Familie teilen. Und in diesem Haus in der Großen Michaelisstraße 14 kommt das erste Kind der Familie zur Welt. Nach einer langen und schweren Entbindung kann eine erschöpfte Lea Mendelssohn zufrieden konstatieren, ihre neugeborene Tochter *habe Bach'sche Fugenfinger!«*. Das Mädchen bekommt den Namen Fanny.

Im gleichen Haus wird auch Fannys jüngerer Bruder Felix geboren. Später wird die schwedische Sopranistin Jenny Lind über der Tür eine Marmortafel anbringen lassen, zur Erinnerung an Felix Mendelssohn, mit dem sie zusammenarbeitete und, wie behauptet wird, auch eine Liebesaffäre hatte. Die Marmortafel hing dort bis zu ihrer Demontage durch die Nationalsozialisten 1936, »die damit versuchten, den Namen Mendelssohn aus der deutschen Kultur zu tilgen«, wie R. Larry Todd schreibt.

Zwei Jahre nachdem die Familie nach Hamburg gekommen ist, wird die Stadt, ebenso wie Preußen, von den Truppen Napoleons besetzt. Eine Blockade gegen jeglichen internationalen Handel wird eingeführt, was katastrophale Folgen für das Handelszentrum hat. Von vielen Juden werden die Franzosen jedoch willkommen geheißen; mit ihnen kommt die Emanzipation, die Freiheit.

II. Die ersten Kompositionen

»Die ganze Erziehung der Frauen muss daher auf die
Männer Bezug nehmen. Ihnen gefallen und nützlich
sein, ihnen liebens- und achtenswert sein, sie in der
Jugend erziehen und im Alter umsorgen, sie beraten,
trösten und ihnen das Leben angenehm machen und
versüßen: das sind zu allen Zeiten die Pflichten der
Frau, das müssen sie von ihrer Kindheit an lernen.«

Jean-Jacques Rousseau

Das kleine Mädchen sitzt an dem großen Klavier, ihre Beine
baumeln vom Hocker. Die Haare sind hoch auf dem Kopf zu
einem Dutt frisiert, sie trägt ein helles Seidenkleid mit einer
Schleife auf der Brust. Der Blick wechselt ernsthaft zwischen
den Tasten und den Noten hin und her. Neben ihr folgt die
Mutter aufmerksam den kleinen Fingern der Tochter, die
suchend Bachs Menuett in G spielen (jetzt Christian Pet-
zold zugeschrieben).

Fanny ist vier Jahre alt, sie hat gerade lesen und schreiben
gelernt, ihr kleiner Bruder Felix liegt im Nebenzimmer in
seiner Wiege und schläft. In ein paar Jahren wird er genau
wie seine Schwester von ihrer Mutter Lea Klavierunterricht
bekommen, und sie wird feststellen, dass sie nicht nur ein,
sondern zwei außergewöhnlich begabte Kinder hat.

Schon kurz nachdem Felix in diese Welt gekommen ist,
werden die Geschwister miteinander verglichen. »*Morgen wird
mein Söhnchen ein Vierteljahr; es ist ein nettes Bürschchen, und
verspricht hübscher als Fanny zu werden*«, schreibt die Mut-

ter in einem Brief an einen Freund. Fanny hat große ausdrucksvolle Augen, gewiss, aber sie hat auch die Andeutung eines Buckels, ein unerwünschtes Erbe ihres Großvaters Moses.

Die beiden jüngeren Geschwister, Rebecka und Paul, sind auch talentiert, aber sie reichen bei weitem nicht an Fanny und Felix heran, und sie werden auch nicht in gleicher Weise gefördert. Sie müssen sich früh daran gewöhnen, im Schatten ihrer herausragenden Geschwister zu stehen.

Die Familie Mendelssohn sollte nur wenige Jahre in Hamburg leben. Im Juni 1811 passiert nämlich etwas, das ihre Zukunft verändern wird. Abraham und Josef bekommen Schwierigkeiten mit den französischen Behörden, die Kinder sind noch sehr klein – Fanny sechs Jahre, Felix fast drei und Rebecka nur ein paar Monate –, da müssen sie die Stadt verlassen. Fannys Sohn, Sebastian Hensel, hat es später so beschrieben, »*sie mussten heimlich bei Nacht und Nebel in Verkleidungen die Stadt verlassen. Sie wandten sich nach Berlin*«.

Weitere Einzelheiten zu diesem dramatischen Geschehen sind nicht in Erfahrung zu bringen, aber es gab natürlich Anlass zu Spekulationen. Hamburg hatte sich durch die Handelsblockade zu einem perfekten Zentrum für Schmuggel entwickelt – Import von Zucker, Kaffee, Kakao und Baumwolle aus Südeuropa nach England. Hatte Abraham etwas mit diesen Schmuggelgeschäften zu tun? Es gibt Quellen, die das behaupten.

Sicher ist jedoch, er kehrte als vermögender Mann nach Berlin zurück, dazu noch mit einem neuen Status – durch seine Ehe mit Lea ist er in Berlin jetzt ein »privilegierter Jude«, er darf eine Wohnung besitzen und sich niederlassen, wo er will. Die Familie zieht in ein Haus am Gendarmenmarkt im Zentrum der Stadt, nur ein paar Straßen entfernt von der Bank der Mendelssohns in der Jägerstraße.

Die Zeit war gekommen, den Namen Mendelssohn in anderer Weise bekannt zu machen, nicht nur als Nachkommen des Philosophen Moses Mendelssohn, sondern für neue Tätigkeiten. Ein paar Jahre später wird Abraham demütig, aber zufrieden feststellen: Früher war er als Sohn seines Vaters bekannt. Jetzt kennt man ihn als Vater seines Sohnes.

Aber auch die sechsjährige Fanny tut ihr Bestes, um ihre Eltern stolz zu machen: Sie wechselt nun Briefe mit ihren Verwandten und lässt sie an ihren aufmerksamen und genauen Beobachtungen teilhaben.

***

Die Französische Revolution, die mit dem Sturm auf die Bastille am 14. Juli 1789 begann; Napoleons Machtübernahme in Frankreich; die nachfolgenden Kriege und der Fall des römisch-deutschen Reiches haben eine radikale Veränderung der sozialen Hierarchie bewirkt. Das Bürgertum wächst, daraus folgt ein höherer Lebensstandard.

Lange waren professionelle Musiker an den Hof gebunden, aber auch an die Kirche. Nicht selten wurden die Kenntnisse vom Vater an den Sohn weitergegeben, wie im Fall des Musikergeschlechts Bach. Berufsmusiker hatten jedoch einen niedrigen sozialen Status, für Mitglieder bürgerlicher Familien, wie die Mendelssohns es waren, kam das also nicht in Betracht.

Menschen aus angesehenen Familien konnten Musik spielen, und das sehr gut, sogar innovativ, aber sie taten es aus Liebhaberei und wurden dafür nicht bezahlt. Ein Beispiel war Leas Tante Sara Levy, die öffentlich als Pianistin auftrat.

Die Rolle der Musik in der europäischen Gesellschaft veränderte sich, als große Musikkonservatorien gegründet wurden, zum Beispiel das Konservatorium in Paris 1795, das wiederum inspiriert war von bereits bestehenden Konservatorien in Neapel. Diese Schulen spielen auch eine wichtige Rolle für das professionelle Musizieren von Frauen, weil einige von ihnen weibliche Studenten aufnahmen.

Paris, Wien und London waren die lebendigen Zentren der Musik und der Kultur, aber auch in Preußen entwickelt sich ein Ausbildungssystem. Beispielsweise gründet Karl Friedrich Zelter, der später Fanny und Felix unterrichtet, Musikschulen in Königsberg, Breslau und Berlin. Einige Jahre später, 1843, wird Felix das Konservatorium in Leipzig gründen.

Die Musikkultur ist also nicht mehr ausschließlich an die Aristokratie gebunden, sie wird immer abhängiger von der wachsenden Gruppe vermögender Bürger. In den Jahrzehnten nach den napoleonischen Kriegen (1792 bis 1805), politisch eine relativ ruhige Zeit, blüht das Musikleben in Europa auf. Neue Institutionen entstehen, Konzerte, das Verlegen von Musik, Musikkritik, die Produktion und der Verkauf von Instrumenten nehmen zu.

Ausübende Musiker werden nicht nur zahlreicher, sie müssen auch neue Wege finden, um sich zu versorgen. Eine wichtige Einnahmequelle ist der private Musikunterricht in den reichen Familien, wo man Wert auf eine musikalische Ausbildung und die richtigen Kontakte der Kinder legt. Musiklehrer ist einer der wenigen Berufe, die auch Frauen ausüben können.

Im Jahr 1816, als Fanny elf und Felix sieben Jahre alt waren, reisten sie zusammen mit ihrem Vater nach Paris, um bei der berühmten Pianistin und Komponistin Marie Bigot Unterricht zu nehmen. Sie stammt aus einfachen Verhältnissen, war jedoch schon während ihrer Kindheit in Wien eine herausragende Persönlichkeit im dortigen Kulturleben geworden. Als sie einmal ein Stück von Haydn in Anwesenheit des Komponisten spielte, soll er ausgerufen haben: »*Oh, mein liebes Mädchen, das bin nicht ich, der diese Musik machte, Sie selbst haben sie komponiert.*« Er signierte ihre Partitur mit den Worten »*Am 20. Februar 1805 ist Joseph Haydn glücklich gewesen*«. Auch auf Beethoven machte sie großen Eindruck, sie sollte eine sehr entschiedene Vermittlerin seiner Musik in der französischen Hauptstadt werden. Aber mit der Einladung zu einer gemeinsamen Wagenfahrt ging der Meister zu weit, er musste sich umgehend bei der verheirateten Marie entschuldigen, um einen Skandal zu vermeiden.

Als Marie Bigots Mann in Kriegsgefangenschaft geriet und sie von Wien nach Paris umziehen musste, war sie allein für die Versorgung von zwei Kindern verantwortlich, sie trat daher nicht mehr auf. Die Konzerte lohnten sich nicht, der Unterricht bot eine bessere Einkommensquelle. Bei ihr kommen Fanny und Felix zum ersten Mal in Kontakt mit Beethovens Klaviersonaten. Bach haben die beiden Geschwister mit der Muttermilch aufgenommen, und Marie freut sich über deren Begeisterung, als sie ihnen Beethovens komplexe und bahnbrechende Kompositionen nahebringt.

Marie Bigot stirbt mit 34 Jahren, erschöpft und an Tuberkulose leidend. Die Familie Mendelssohn bleibt bis zu ihrem Tod mit ihr in Kontakt, Abraham schreibt ihr ab und zu und bittet sie um Rat, welche Klavierübungen für seine Tochter geeignet wären. Aber nicht alle sind beeindruckt, dass eine Frau mit der Musik ihren Lebensunterhalt verdient. Abrahams Schwester Henriette schreibt nach Bigots Tod: *»Sie war eine Frau von echter Geistesbildung und seltenen Fähigkeiten, und leider nur zu großer Festigkeit des Willens. Denn ihre sehr anstrengende, sehr mühsame Lebensweise, die sie mit solcher Beharrlichkeit trieb, haben ihr Dasein wohl verkürzt.«*

Nach der Rückkehr der Familie Mendelssohn aus Paris beginnt die allgemeine Ausbildung der Kinder. Lea weckt ihre Tochter für die täglichen Lektionen schon um 5:00 Uhr früh. Fanny verkriecht sich in die warmen Kissen. Es ist noch ganz dunkel, bis auf den Schein der Öllampe. Aber sie steht bald auf, stellt die Füße auf den eiskalten Boden und geht zitternd in den Salon, im Kamin knistert ein Feuer.

In Berlin wird der Komponist und Pianist Ludwig Berger ihr Klavierlehrer, und bei Karl Heyse, dem Vater des Dichters und Nobelpreisträgers Paul Heyse, studiert sie Naturwissenschaften und Sprache. Aus den Texten der Lieder zu schließen, die Fanny als junges Mädchen schreibt, lernt sie Französisch, Italienisch und Englisch. Professor Rösel von der Akademie der Künste unterrichtet die Kinder in Landschaftsmalerei, Felix erweist sich als Naturbegabung. Später wird er sich mit dem Malen entspannen, wenn ihm die Forderungen seiner Umgebung zu viel werden. Griechisch macht ihm nicht so viel Spaß wie der sprachlich begabten Rebecka, die ihm dabei hilft. Die Schwestern müssen natürlich auch lernen, wie man einen Haushalt führt, näht und stickt.

Die Ausbildung der Mädchen ist zu jener Zeit auch in den

bürgerlichen Familien eine Frage des Geldes. Töchter, die aufgrund der ökonomischen Verhältnisse nicht damit rechnen können, zu heiraten, oder verwitwet waren wie zum Beispiel Marie Bigot, müssen einer Arbeit nachgehen. Wohlhabende Frauen von Stand mit guten Aussichten auf eine Heirat können sich bis zu einem gewissen Grad auf die Entwicklung von bestimmten Fähigkeiten fokussieren. »Höhere Töchter« nennt man diese jungen Frauen aus der besseren Gesellschaft. Deren Ziel im Leben ist es, gute Hausfrauen zu werden, ihre Erziehung ist einzig auf dieses Ziel ausgerichtet, ganz im Sinne von Jean-Jacques Rousseaus einflussreichen Ideen in seinem Buch *Émile oder Über die Erziehung*.

Das wünschenswerte Ergebnis ist eine Frau, die ihren Mann ergänzen kann. Ihre musische Bildung soll ihn davor bewahren, sich zu langweilen, aber sie darf ihn auch nicht intellektuell herausfordern. Sogar der aufgeklärte Moses Mendelssohn schrieb kurz vor ihrer Heirat an seine Verlobte: *»Mäßige Lectüre kleidet dem Frauenzimmer, aber keine Gelehrsamkeit. Ein Mädchen, das sich die Augen rot gelesen, verdient ausgelacht zu werden.«* Mädchen werden also bis zur Konfirmation in bestimmten Fächern unterwiesen, um sich dann auf den Heiratsmarkt vorzubereiten.

Wenn also nur von Felix und dem jüngsten Sohn Paul erwartet wird, ein Universitätsstudium aufzunehmen, ist es doch selbstverständlich, dass auch die Schwestern unterrichtet werden, in Fächern wie Konversation, Sprachen, Ethik, Religion, Musik und Kunst – alles Fächer, die ihren Wert als zukünftige Ehefrauen steigern. Dass auch Fächer wie Griechisch und Geographie dazugehören, ist nicht üblich und sagt daher etwas über die liberalen Erziehungsideale der Eltern aus.

Vielleicht wird Abraham von der gebildeten Lea überredet, Fanny an den Musikstunden von Felix teilnehmen zu lassen. Und auf dem Gebiet der Musik zeichnen sich Fanny und Felix wirklich aus. Die Gerüchte über das junge Geschwisterpaar verbreiten sich, und in der besseren Gesellschaft Berlins sind sie ein heißes Gesprächsthema. Bei einem Abendessen, bei dem der Philosoph Hegel unter den Gästen ist, spielen sie Duette, *»welche dieselben mit unglaublicher Fertigkeit, Präcision und Kunstgewissheit ausführten«*, wie ein anwesender Gast feststellte. Oder wie Dorothea Schlegel, ihre eigensinnige, geschiedene Tante und das schwarze Schaf der Familie, es in einem Brief ausdrückt: *»Felix spielte mit einer Genialität und Fanny mit einer Virtuosität, dass einem völlig der Verstand dabei stillsteht.«*

Lea konstatiert zufrieden, dass die beiden Geschwister sehr stolz aufeinander sind. Sebastian Hensel, Fannys Sohn, fügte viele Jahre später hinzu: *»Die innige, neidlose Freundschaft der beiden Geschwister – sie sind wirklich eins für das andere eitel und stolz, sagte ihre Mutter einmal.«*

Letzteres ist jedoch nicht ganz wahr. Fanny war bisher immer einen Schritt vor ihrem Bruder gewesen, und zu Felix' Verdruss werden sie oft miteinander verglichen. *»Sein Clavierspiel fand ich von erstaunlicher Fertigkeit und musikalischer Sicherheit, aber es stand dem seiner älteren Schwester Fanny jetzt noch nach«*, erinnert sich später ihr Freund und Musikerkollege Eduard Devrient.

Fanny ist eine ebenso kampfeslustige wie schwer zu schlagende Rivalin. Viele Jahre später erzählt Felix, wie sehr er unter den Wettbewerben der Jugend gelitten hat: *»Es ist mir ab-*

solut unmöglich, irgend etwas unter dem Druck eines Wettbe-
werbs hervorzubringen. Ich kann es einfach nicht, auch wenn
ich mich dazu zwingen wollte, und wenn ich als Kind mit meiner Schwester und Mitschülerin in Konkurrenz treten musste,
dann waren die Ergebnisse wahre Wunder an Dummheit – sie
waren nicht ein Zehntel dessen wert, was ich sonst leistete.«

Ausgenommen von diesem Schönheitsfleck auf ihrer Beziehung liebt und bewundert Felix seine Schwester. Wenn
sie über Steifheit in den Fingern klagt, komponiert er Klavierübungen für sie, und er bringt sie zum Lachen, wenn
er den alten Beethoven imitiert. Fanny ist die Einzige, die
ungehindert in seinen Noten blättern darf, und wenn er eine
neue Komposition darbietet, kann er auf ihre strenge und
ehrliche Reaktion hoffen. Aber schon bevor sie ein Wort
sagt, weiß Felix, ob die Musik der kritischen Zuhörerin gefallen hat oder nicht. Die kleine Linie zwischen den dunklen Augenbrauen verrät sie.

1818, als Felix neun Jahre alt ist, hat er seinen ersten öffentlichen Auftritt bei einem Konzert, zusammen mit dem Horn-
virtuosen Heinrich Gugel, was in einer Notiz in einem
Musikjournal in Leipzig gemeldet wird. Das Gerücht des
Wunderkinds verbreitet sich.

Dieses Phänomen ist auf den europäischen Bühnen nichts
Ungewöhnliches. Ein klassisches Beispiel ist natürlich Wolfgang Amadeus Mozart, der schon als Sechsjähriger in Wien
aufgetreten ist und bewundert wurde. Als das musikalische
Leben sich entwickelt und man beginnt, für die Allgemein-
heit Konzerte gegen Eintritt zu geben, ist es besonders luk-
rativ, dem Publikum eine junge Naturbegabung zu präsentieren.

Das Epitheton Wunderkind stimmt jedoch nicht immer

mit der Wirklichkeit überein, und es kommt durchaus vor, dass der Bühnenvater – denn hinter den gedrillten Kindern steht oft ein solcher – ein paar Jahre vom Alter des Kindes abzieht, um so den Sohn oder die Tochter besonders einzigartig zu machen. Dazu lassen sich jedoch Abraham oder Lea nicht herab, und sie verdienen auch kein Geld mit ihren Kindern.

Die Begeisterung für junge Talente umfasst auch kleine Mädchen – bis zum heiratsfähigen Alter von etwa 14 Jahren gesteht man ihnen eine gewisse künstlerische Freiheit zu –, aber ein Debüt wie bei Felix kommt für Fanny nicht in Frage. Und das, obwohl zu jener Zeit ihre Fähigkeiten besonders herausragend sind. Das Vorspiel zu Abrahams Geburtstag ist einer ihrer ersten großen Auftritte, und sie imponiert damit Freunden und der Familie. Sie ist eine hervorragende Pianistin, sie übt unermüdlich, sie glaubt, dass ihre Leistungen wichtig sind für ihre Nächsten und für ihre eigene Zukunft. Die Anforderungen an die Tochter waren ebenso groß wie an den Sohn, was vielleicht bei Fanny eine Illusion geschaffen hat. Sie glaubt womöglich, dass sie auch in Zukunft gleich behandelt werden.

Im Jahr 1819 bekommen die Geschwister Mendelssohn einen neuen Musiklehrer. Karl Friedrich Zelter hat einen finsteren Gesichtsausdruck und glatt nach hinten gekämmte graue Haare. Die zeitgenössische Schauspielerin Karoline Bauer beschreibt ihn als *»borstig wie eine Schuhbürste«*, und Lea Mendelssohn findet, er sei *»kein empfindsamer Mensch«*. Nach Zelters Vision soll die preußische Musik mehr als

Unterhaltung für den Hof sein. Er will sie zu einem zentralen Teil des gesellschaftlichen Lebens und der deutschen Kultur machen – die Musik soll Teil des Begriffs *Bildung* werden, den Goethe als eine Verfeinerung des eigenen Charakters im Sinne der Aufklärung definiert hat. Zelter war der Sohn eines Steinmetzen und begann erst spät, Musik zu studieren; er war ebenso praktisch wie künstlerisch begabt und hinter seiner Barschheit verbarg sich eine gefühlvolle und nachdenkliche Persönlichkeit.

Im Jahr 1800 übernimmt er den Chor der Berliner Singakademie und entwickelt ihn zu einer Institution für sakrale Chormusik, die *»die polyphonsten Werke mit einer unglaublichen Reinheit und Präzision aufführt«*. Als Erstes lässt er den aus 150 Sängern bestehenden Chor das in Berlin unbekannte *Requiem* von Mozart aufführen. Auch Fanny und Felix Mendelssohn nehmen als Sänger teil. Zelter gehört zu den wenigen, die die Erinnerung an Johann Sebastian Bach am Leben erhalten, zu einer Zeit, als die Barockmusik in weiten Kreisen aus der Mode gekommen ist. Dies gibt er auch an seine beiden Schüler weiter, die schon durch ihre Mutter an dieses Erbe herangeführt worden waren.

Der Nachwelt besonders in Erinnerung ist Zelter jedoch durch seine Freundschaft mit Johann Wolfgang von Goethe. Im Laufe von 30 Jahren haben sie ungefähr 850 Briefe miteinander gewechselt. Auch wenn Zelters Musik seine Zeit nicht überlebt hat, fand Goethe, er sei ein idealer Lied-Komponist, der loyal mit dem Text *»die Intentionen des Poeten reproduzierte und in das Bewusstsein des Zuhörers überführte, wie ein gasgefüllter Ballon der gen Himmel steigt«*.

Zelter hat ungefähr 200 Lieder geschrieben, ein Drittel davon waren Kompositionen zu Texten von Goethe. Dieser schien nichts dagegen gehabt zu haben, auf ein Podest gestellt zu werden, und schätzte daher Zelters unermüdliche Bewunderung. Über das Lied *Um Mitternacht* schrieb der Komponist an seinen Freund: »*[J]eder Ton schickt einen Gedanken an dich, an den der du bist, der du warst, als Mensch sein könntest.*«

Dies ist also der Lehrer, den Fanny in ihrem Musikalbum am 12. Juni 1819 zum ersten Mal erwähnt. Es erscheint ganz natürlich, dass sie, beeinflusst von Zelter, vor allem Lieder schreiben wird und dass diese zum großen Teil aus Musik zu Texten von Goethe bestehen. Vermutlich schreibt Fanny ihre ersten Kompositionen für Zelter, und sie stellt hohe Anforderungen an sich selbst.

Im August 1819 befindet sie sich im Sommerhaus ihres Großvaters, aber sie macht keine Ferien, sondern schreibt an ihren Lehrer:

»*Mein musikalisches Machwerk rückt ziemlich langsam vor, es wird mir mitunter recht schwer, besonders die Lieder machen mir viel zu schaffen, mit den Gavotten bin ich fertig, das heisst es stehen deren 12 auf dem Papier, woran Sie aber gewiss recht viel werden tadeln müssen. Ich eile nun mit den Liedern, um sie noch vor unsrer Abreise fertig zu machen.*«

Sie ist zu diesem Zeitpunkt erheblich weiter als ihr Bruder. Doch keine dieser Gavotten, eine Art französischer Tänze, die sie als Dreizehnjährige komponierte, sind erhalten. Eine erhaltene Komposition ist ihr schönes und melodiöses Lied *Ihr Töne schwingt euch fröhlich!*, das sie ein Jahr später schrieb und das von der niederländischen Sopranistin Anne Grimm eingespielt wurde.

Auch Felix hat die ersten Strophen dieses Gedichts vertont, deshalb kann man die beiden Versionen vergleichen.

Der Musikprofessor und Mendelssohn-Experte R. Larry Todd schreibt, Felix' Lied bestehe aus einfachen Klavierakkorden, die sich gelegentlich zu einer vierkantigen Vokalpartie verdoppeln, aber nie die bescheidenen Grenzen der Zelter'schen Kompositionen verlassen. Im Gegensatz dazu zeigten Fannys sanfte melodische Linien das Talent einer geborenen Liedermacherin.

Zelters Glaube an die Genialität war groß, er meinte, »*ein Genie frisiert ein Schwein und macht ihm Locken*«. Er war schon früh auf Fanny und Felix aufmerksam geworden. In einem Brief, mit dem er Abraham Mendelssohn bei Goethe einführen wollte, schrieb er: »*Er hat liebenswürdige Kinder und sein ältestes Töchterchen könnte Dich etwas von Sebastian Bach hören lassen.*« Bei einer anderen Gelegenheit gab er Fanny das größte Lob: »*Sie spielt wie ein Mann.*«

III. Einmal Jude, immer Jude

»Was so lange Zeit meines Lebens mir die größte
Schmach, das herbste Leid und Unglück war, eine Jüdin geboren zu sein, um keinen Preis möchte ich das
jetzt missen.«
Rahel Varnhagen

Wir schreiben das Jahr 1743, und Moses, Sohn von Mendel,
steht vor dem Rosenthaler Tor. Die schmale Öffnung mit
zwei kleineren Durchgängen auf beiden Seiten ist das einzige von den siebzehn Toren Berlins, das Juden passieren dürfen. Durch die hölzerne Wand, die ganz Berlin umschließt,
dringt der Geruch von Vieh und der Gestank von Exkre-
menten. Hier wohnen die Allerärmsten der Stadt.

Die Füße an den mageren Beinen schmerzen, die Fußsoh-
len sind schwarz und hartgelaufen nach der tagelangen Wan-
derung. Der Junge sieht jünger aus als vierzehn, er ist klein
und hat einen unkleidsamen Buckel. Aber die Stirn ist fein
gezeichnet, die Augen sind eigenartig hell und die Lippen
wohlgeformt. Er ist allein, nur ein paar Ochsen haben außer
ihm das schmale Tor passiert.

Es ist nicht sicher, dass er hineingelassen wird. Auch wenn
man nur einen Besuch machen will, wird man eingehend
nach seinen Vorhaben befragt. Wenn der Torwächter zu-
gunsten des Besuchers entscheidet, muss dieser den gleichen
Zoll wie für ein paar importierte polnische Ochsen bezahlen.

»Was ist dein Anliegen? Was verkaufst du?«, fragt der
Wächter den mageren Jungen.

»Du wirst nie etwas von mir kaufen wollen.«

»Raus damit! Sag, womit du handeln willst.«

»Mit... V... Vernunft«, stammelt der Junge.

In sein Logbuch schreibt der Wächter: »*Heute passierten sechs Ochsen, sieben Schweine und ein Jude.*«

Moses Mendelssohn sollte ein geachteter Philosoph der Aufklärung werden, er argumentierte, dass man sowohl praktizierender Jude als auch aufgeklärter Deutscher sein könne. Mit der Vernunft als höchster Wahrheit will er eine Brücke bauen zwischen der jüdischen Gesellschaft, die zur Isolation und zum Eingeschlossensein im Ghetto gezwungen wird, und dem übrigen Deutschland. Moses steht sowohl seinem eigenen Volk als auch den Christen kritisch gegenüber. »*Nimm die Gewohnheiten und die Konstitution des Landes an, in dem du wohnst aber behalte die Religion deiner Vorväter*«, ermahnt er die Ersteren. An die Letzteren schreibt er: »*Ihr bindet uns die Hände, und beklagt euch dass wir sie nicht benutzen*«.

Mit ihm als Vordenker blüht die Haskala – die jüdische Aufklärung – und macht Berlin zu einem Zentrum für intellektuelle jüdische Denker der zweiten Hälfte des 18. Jahrhunderts. Hier werden Artikel und Bücher geschrieben über jüdische Themen und unter dem Einfluss der Aufklärung wird der Kampf für eine jüdische Emanzipation geführt. »*Zum ersten Mal seit Spinoza hat ein Jude die Grenze überschritten und ist zu einer herausragenden Person in der Majoritätskultur geworden*«, schreibt der israelische Journalist Amos Elon (1926-2009).

Im Jahr 1781 erscheint die Schrift *Über die bürgerliche Verbesserung der Juden* des Hofbürokraten Christian von Dohm. Er hat viele Jahre lang mit Moses über seine Idee gesprochen – eine Schrift für die Rechte der Juden, ausgehend von sozialen, ökonomischen und moralischen Aspekten. Befreit von Restriktionen, würden die Juden glücklicher werden und könnten der Gesellschaft somit auch besser dienen. Er argumentiert, die Juden seien gewiss moralisch korrupter als andere, aber das würde dadurch verschlimmert, dass die christliche Welt sie so barbarisch behandele. Moses weist Dohms Vorstellung von den Juden zurück, aber er unterstützt ihn in der Sache.

Auf diese Schrift folgt bald Theodor von Hippels *Über die bürgerliche Verbesserung der Weiber*, ein Titel, der auf Dohm verweist und der sich für die Rechte von Frauen ausspricht – ein Beispiel dafür, dass der Kampf von Juden und Frauen zeitweise parallel verläuft. Im gleichen Jahr erscheint in England das Werk von Mary Wollstonecraft: *A Vindication of the Rights of Women (Verteidigung der Rechte der Frau)*.

In der zweiten Hälfte des 18. Jahrhunderts wächst eine neue jüdische Generation heran, die sich die Gedanken von Moses Mendelssohn zu eigen macht. Reiche jüdische bürgerliche Familien nähern sich schrittweise der deutschen Sprache und der deutschen Kultur an. Man stellt Privatlehrer für die Kinder an oder schickt sie auf deutsche Schulen. Der Schlüssel zur Integration liegt im Bildungskult: Durch Bildung und Kultur können Juden Deutsche werden.

Das drückt sich besonders in einem neuen Phänomen aus: literarische Salons nach französischem Vorbild. Jahrzehntelang haben Pariser Frauen eine wichtige Rolle in dieser halb privaten intellektuellen Gesprächskultur gespielt, was im konservativen Preußen undenkbar gewesen wäre. Generell waren Frauen nicht einmal in literarischen Cafés oder intellektuellen Zusammenkünften willkommen. Jetzt entsteht eine Salonkultur, die nicht nur von Frauen geführt wird, sondern auch noch von Jüdinnen. Sie laden zu Gesprächen und Lesungen von Gedichten in ihre Häuser ein und schaffen so einen Raum, der in höherem Grade als die öffentliche Gesellschaft frei von Klasse, Geschlecht und Religion ist.

Die Salons sind ein Beispiel sowohl für die Befreiung der Frau als auch der Juden, und eine Zeitlang sind die Häuser dieser reichen Jüdinnen das Zentrum des intellektuellen Lebens der Stadt. Im Unterschied zu den französischen Vorbildern sind die Berliner Salons weniger politisch und mehr den Künsten und der romantischen Freundschaftskultur verpflichtet. Eine »Miniatur-Utopie«, schreibt die amerikanische Historikerin Deborah Hertz über den Salon der Henriette Hertz. Unter den Gastgeberinnen dieser Salons sind einige Tanten von Lea und auch Abrahams Schwester.

Während eines Besuchs in Berlin beobachtet die französische Schriftstellerin und Salongastgeberin Madame de Staël, dass die Salons der Jüdinnen der einzige Ort in Deutschland sind, wo Aristokraten und Bürger sich frei begegnen und wo es nicht nach Bier oder Tabak riecht. Die bekannteste Gastgeberin Rahel Levin (später Varnhagen) reicht nur dünnen Tee und Plätzchen – und doch streiten sich die schärfsten Geister Preußens um einen Platz an ihrem Tisch.

Die zunehmenden Forderungen nach Selbständigkeit von Seiten der Juden stoßen auf eine Gegenreaktion der übrigen Gesellschaft. Das geschieht im Zusammenhang mit der Invasion Napoleons in Preußen und anderen deutschen Staaten, und weckt »*einen Nationalismus, der zurückblickt aufs Mittelalter und die heilige Union zwischen Kirche, Volk und Staat*«, so Amos Elon. Dieser steht für Homogenität und Tradition und schließt alle aus, die nicht in diese ideale Gesellschaft passen.

Eine anti-jüdische Haltung, die oft Hand in Hand mit einem Anti-Modernismus und einer Aversion gegen alles Französische geht, erwacht aufs Neue. Gegen Ende seines Lebens muss Moses Mendelssohn erfahren, wie die Aufklärung immer mehr der Romantik, die Vernunft dem Gefühl weichen muss.

Auch die Salons der Jüdinnen überleben den französisch-preußischen Krieg von 1806 nicht. Sie waren das Ergebnis eines freien und toleranten Klimas, das während einiger Jahrzehnte und auch nur in Berlin geherrscht hat. Neue christliche intellektuelle Salons entstehen, aber hier sind weder Juden noch Frauen, Franzosen oder Kosmopoliten willkommen. In diesen Klubs trifft sich die gesamte Berliner Elite. Einmal hält eine der führenden Gestalten, der Schriftsteller und Volksliedsammler Achim von Arnim, einen Vortrag über die moralische Verderbtheit der Juden und ihre »widerlichen« physischen Charakteristika.

Die jüdischen Gastgeberinnen, die wie die Spinnen im intellektuellen Netz gesessen hatten, werden nun wie Aussätzige behandelt. Rahel Varnhagen ist verzweifelt und fragt: »*Wo ist die Zeit, wo wir alle zusammen waren. Sie ist Anno 6 untergegangen. Untergegangen wie ein Schiff: mit den schönsten Lebensgütern, den schönsten Genuß enthaltend.*«

Die Enkelkinder von Moses Mendelssohn, Fanny und Felix, wachsen in einer für Juden härter werdenden Gesellschaft auf, die nicht mehr die Bürgerrechte fordert, sondern vor allem eine geeinte Nation.

Im Spätsommer 1819 – Fanny ist dreizehn Jahre alt – geschah etwas, was die jüdische Bevölkerung seit mehreren hundert Jahren nicht mehr erlebt hatte. Ein aufgehetzter Mob zog durch die Straßen von Würzburg. Sie warfen Fenster ein, beschimpften und misshandelten jüdische Bürger, dabei riefen sie: »Hep! Hep! Jude verreck!«

Es beginnt am 2. August 1819, an der Universität. Ein älterer Professor, der die Rechte der Juden proklamiert, wird von einer Horde aufgebrachter Studenten durch die Straßen gejagt. Ihnen folgen später Ladenbesitzer, Handwerker und auch Arbeitslose. Bei diesen Krawallen werden zwei Juden getötet und zwanzig verletzt.

Die Pogrome verbreiten sich wie ein Lauffeuer in Bayern, und bald wird auch in Bamberg, Darmstadt, Karlsruhe, Köln und weit im Norden in Städten wie Bremen, Hamburg und Lübeck »Hep, hep!« gerufen.

Im Wörterbuch der Brüder Grimm wird erklärt, dass mit diesem Ruf Zugtiere oder Ziegen angetrieben werden, ein Hinweis auf die Bärte der Juden. Der Begriff kann allerdings auch eine Anspielung auf das lateinische »Hierosolyma es perdita«, Jerusalem ist verloren, sein, es gibt jedoch weitere Deutungsmöglichkeiten des Begriffs. Ein Kupferstich stellt die Krawalle in Frankfurt dar und zeigt, wie zwei kräftige Bauersfrauen einen Juden niederschlagen. Sie bekommen Hilfe von einem Bürgersmann – vielleicht ein Apotheker oder ein Lehrer –, er trägt eine Brille, einen weißen Schal und eine Weste mit sechs Knöpfen.

Als die Verfolgungen Karlsruhe erreichen, schreibt der Schriftsteller Ludwig Robert an seine Schwester Rahel Varnhagen: »*Merkwürdig! Wie kommt das Volk zu dem Wort Hep, dessen Ursprung es nicht wissen konnte? In Würzburg scheint doch also gelehrter Pöbel die Sachen begonnen zu haben.«*

So etwas war seit den Zeiten des dunklen Mittelalters nicht mehr geschehen, damals hatte die Pest gewütet und die Juden wurden beschuldigt, die Brunnen vergiftet zu haben. Der Aufklärungsdichter Johann Heinrich Voss schreibt, man könne glauben, dass man im Jahr 1419 und nicht 1819 lebe.

Die jüdische Bevölkerung musste fliehen und auf dem Land in Zelten leben, bis der Aufruhr sich beruhigt hatte. An einigen Orten sorgen Polizei und Armee für ein Ende der Krawalle. Aber andernorts schauen sie nur zu und lassen die Massen sich austoben. In Heidelberg, wo die Polizei zögert, nehmen einige liberale Professoren und Studenten die Sache selbst in die Hand und stoppen die blutigen Pogrome. Die hasserfüllten Angriffe greifen nicht auf Berlin über, aber dem zehnjährigen Felix Mendelssohn ruft man doch ein vielleicht scherzhaftes »Hep, hep« nach. Was mag diese Angriffe angestachelt haben?

Das Jahr 1816 war das Jahr »ohne Sommer«, auch bekannt als das Elendsjahr »Achtzehnhundertunderfroren«. Diese plötzliche Klimaveränderung wurde vom Ausbruch des indonesischen Vulkans Tambora ausgelöst, die große Menge der ausgestoßenen Asche hinderte das Sonnenlicht daran, die Erde zu erreichen. J. M. W. Turner malte seine berühmten Sonnenuntergänge – sie waren aufgrund des hohen Gehalts von Tephra in der Atmosphäre besonders spektakulär. Im gleichen Jahr verbrachten auch Mary Shelley und ihre Freunde den Sommer am Genfer See. Aufgrund des Wetters mussten sie in der Villa Diodati bleiben und beschlossen, Schauergeschichten zu schreiben. *Frankenstein* erblickte das Licht der Welt.

Die Kälte brachte jedoch nicht nur kulturelle Werke hervor, sie führte auch zu Missernten, Epidemien und Hungersnöten unter der Bevölkerung der nördlichen Halbkugel. Europa, wo nach den napoleonischen Kriegen immer noch Nahrungsmangel herrschte, litt als Folge schwer unter Aufständen, Mordbränden und Plünderungen. Allein in Irland verhungerten 100 000 Menschen. In der Schweiz erklärte die Regierung den nationalen Notstand, in Großbritannien und Frankreich gab es Hungeraufstände, Scheunen mit Getreide wurden geplündert.

Auch in den deutschen Staaten gab es eine weit verbreitete Unzufriedenheit. Noch während der Hep-Hep-Krawalle schließt der Deutsche Bund (ein Staatenverbund aus 41 deutschen Staaten, der das 1806 aufgelöste römisch-deutsche Reich ersetzte) unter dem Einfluss des österreichischen Außenministers Metternich einen sehr reaktionären Vertrag: die sogenannten Karlsbader Beschlüsse. Hintergrund war der Mord am konservativen Schriftsteller August von Kotzebue durch den liberalen Studenten Karl Ludwig Sand im März 1819. Die Furcht, ähnliche Vorkommnisse könnten zur Revolution führen, mündete in umstrittenen Beschlüssen und verschärfter Zensur der Presse, der Suspendierung von radikalen Lehrern und der Überwachung der politischen Ansichten von Studenten.

Deutschland bestand jetzt aus 41 selbständigen, von Fürsten regierten Staaten und einer Anzahl von freien Städten. Der Status der Juden variiert von Staat zu Staat, da es keine gemeinsame Regierung gibt. In manchen haben sie unter der napoleonischen Okkupation Rechte und Selbständigkeit bekommen. In anderen gab es diese Rechte in der Theorie, sie wurden in der Praxis jedoch nicht angewendet. Mancherorts, wie zum Beispiel in Frankfurt, gingen diese Rechte wieder verloren, als der Krieg vorbei war.

Die Hep-Hep-Krawalle verstärken die bereits existierenden Spannungen zwischen Juden und anderen Deutschen, und viele Fürsprecher der jüdischen Emanzipation sind der Meinung, dass die Juden sich mehr in die deutsche Gesellschaft integrieren und assimilieren müssen, wenn sie gleichberechtigt behandelt werden wollen. Dies geschieht einerseits durch eine Reformbewegung, die ihre Wurzeln in der jüdischen Aufklärung hat und die das Judentum modernisiert und es mehr an die übrige Gesellschaft anpasst.

Eine andere und vor allem für die wachsende Gruppe wohlhabender Juden sehr viel üblichere Möglichkeit ist es, das jüdische Erbe aufzugeben und zum Christentum zu konvertieren. Man weiß nicht genau, wie viele es waren, weil man Konvertierungen nicht registrierte und Kinder, die zusammen mit ihren Eltern getauft wurden, nicht immer mitgerechnet wurden. Aber die Zahl ist hoch, die höchste in Europa seit dem 15. Jahrhundert, als sechzig Prozent der spanischen Juden konvertierten. Jüdische Historiker sprechen von einer Epidemie, die Deutschland erfasst habe.

Manche Juden konvertieren aus religiösen Gründen, aber die meisten aus reinem Pragmatismus, um ein erträglicheres Leben und mehr Rechte zu bekommen. Und für diejenigen, die sowieso nicht sonderlich religiös sind, wie die Familie Mendelssohn, gab es keinen Grund, an einem Glauben festzuhalten, der ihnen nur Nachteile brachte.

Eines Tages ist die elfjährige Fanny zu Besuch bei ihrer Großmutter. Bella Salomon ist um die siebzig, sie hat einen wachen Blick und trägt immer eine weiße Leinenhaube, die unter dem Kinn gebunden wird. Sie wirkt bisweilen ein wenig barsch und schwierig, aber Fanny, eine der Lieblingsenkelinnen, freut sich, wenn sie sieht, wie die Züge der Großmutter zu den Tönen vom Klavier weicher werden.

Bella ist orthodox und sehr gläubig, und sie empört sich über die Tatsache, dass große Teile der jüdischen Gemeinde sich von ihrer Religion und Kultur abwenden. Wie viel ist ein Glaube wert, wenn man ihn leichtfertig aufgibt, nur weil der Wind einem ins Gesicht bläst? Sogar ihr Sohn Jakob hat sich gegen das Erbe der Familie entschieden, und das verletzt ihre Gefühle zutiefst. Sie haben seit vielen Jahren nicht miteinander gesprochen.

An diesem Tag hat Fanny besonders fleißig geübt, und als das Vorspiel vorbei ist, dreht sie sich zu ihr und erwartet das Urteil der Großmutter. Die alte Dame, die andächtig und mit geschlossenen Augen zugehört hat, ist sehr beeindruckt. Wie könnte sie ihr Enkelkind belohnen? Was immer sie möchte, sie wird es bekommen. Vielleicht eine neue Haube? Ein neues Schultertuch? Fanny überlegt einen Moment, zögert und spricht dann ihren Wunsch aus: Sie möchte, dass die Großmutter Onkel Jakob verzeiht. Bellas Augen weiten sich zunächst vor Erstaunen, aber sie lässt sich schnell erweichen. Nach einer langen Zeit des Schweigens versöhnen Mutter und Sohn sich schließlich, »um Fannys willen«, wie Bella später in einem Brief an ihn diktiert.

Auch Abraham Mendelssohn entscheidet sich schon früh, dem protestantischen Weg zu folgen. Er bringt den aufgeklärten Rationalismus nicht mit den jüdischen Bräuchen zusammen, obwohl sein Vater sein ganzes Leben genau diesem Problem gewidmet hatte. Er lässt seine Söhne nicht beschneiden und erzieht sie in der christlichen Lehre. Aber er macht sich doch Sorgen, er könnte das Andenken an seinen Vater beleidigen, wenn er auch den letzten Schritt gehen und konvertieren würde.

Sein Schwager, Jakob Bartholdy, der die Religion gewechselt hat, schreibt ihm: »*Du sagst, Du seiest es dem Andenken Deines Vaters schuldig – glaubst du denn etwas Übles getan zu haben, Deinen Kindern diejenige Religion zu geben, die Du für sie für die bessere hältst? Es ist geradezu eine Huldigung, die Du und wir alle den Bemühungen Deines Vaters um die wahre Aufklärung im allgemeinen zollen, und hätte er wie Du für Deine Kinder, vielleicht wie, für meine Person gehandelt.*«

Abraham und Lea lassen ihre Kinder taufen, aber sie halten es geheim, um die jüdischen Verwandten und vor allem Bella nicht zu erregen. Sie selbst machen erst viele Jahre später diesen Schritt und fügen dann auch den Namen Bartholdy zu ihrem Namen hinzu. Ob Fannys Wunsch nach einer Waffenruhe zwischen ihrer Großmutter und dem Onkel vor oder nach ihrer heimlichen Taufe stattfindet, ist nicht ganz klar. Vielleicht möchte sie Bella auf diese Weise bitten, auch ihr zu vergeben, meint die Fanny-Biografin Françoise Tillard.

Die Familie Mendelssohn geht ganz in der neuen Religion auf. Felix wird später der vielleicht bedeutendste Kirchenmusiker seiner Zeit. »Das jüdischste, was Felix Mendelssohn Bartholdy je gemacht hat, war, Christ zu werden«, lautete ein boshafter Scherz jener Zeit.

Der Journalist Amos Elon verweist auf einen wichtigen Aspekt, der von Historikern selten benannt wird: Immer, wenn wohlhabende Juden durch die Konversion einen Schritt in Richtung der christlichen Gesellschaft machten, verlor das deutsche Judentum seine intellektuelle und soziale Elite. Diejenigen, die mehr kulturelles und ökonomisches Kapital besaßen, verrieten die weniger gut Gestellten, was, wie er meint, später in der Geschichte noch Konsequenzen hatte.

Die Einstellung der Familie Mendelssohn und anderer konvertierter Juden zu ihrer Herkunft ist kompliziert. Das zeigt sich nicht zuletzt an den Reaktionen auf die Hep-Hep-Krawalle, die vor allem arme Juden trafen. Wohlhabende Juden im von den Krawallen verschonten Preußen schüttelten den Kopf über die Angriffe, aber sie identifizierten sich nicht mit den Opfern. In der jüdischen Zeitschrift *Sulamith* werden die Vorgänge nicht einmal erwähnt.

Die Philosophin Hannah Arendt vermutet später, dass die reichen Juden höhere Steuern und rechtliche Restriktionen der Emanzipation vorzogen, die hätte sie womöglich ihre Privilegien gekostet. Sie meint, sie flohen durch Konversion und Heirat vor dem Judentum, anstatt für die Rechte aller Juden zu kämpfen.

Im Zuge von Konversionen und Assimilierung wandten viele Juden sich demonstrativ von ihrer jüdischen Identität ab. Karl Marx zum Beispiel distanzierte sich von allem, was jüdisch war, in einem Brief an Friedrich Engels bezeichnete er seinen politischen Gegner Lassalle als den »*jüdischen ›Nigger‹ Lassalle*« und schrieb ihm stereotype jüdische Charakterzüge zu.

Solche Tendenzen scheint es auch in der Familie Mendelssohn gegeben zu haben. Fannys Schwester Rebecka schrieb zum Beispiel 1855 an ihren Neffen: »*Ich erinnere mich an die Geschichten, die Vater und Mutter uns erzählten, und auch an die tiefe Abscheu des Vaters gegen das Judentum, was mir sehr unangenehm war.«*

Offenbar war zumindest Rebecka vom Anti-Judaismus ihres Vaters angesteckt worden. Sie schrieb an Felix, nach dem Besuch eines Verwandten: *»Ich bin kein Juden-Hasser, aber das war zu viel«*, worauf Felix antwortete: *»Was meinst Du, wenn Du sagst, Du seiest kein Juden-Hasser? ... Es ist wirklich nett von Dir, nicht auf Deine ganze Familie herabzusehen.«*

Oft dauerte es ein bis zwei Generationen, bis der ersehnte Platz in der christlichen Gesellschaft erklommen war. Es war nicht ungewöhnlich, dass frisch Konvertierte sich sowohl von der christlichen als auch von der jüdischen Gemeinschaft zurückgewiesen fühlten. Der einflussreiche Dichter Heinrich Heine bereute später seine Konversion aus genau diesem Grund.

In weiten Kreisen verstand man das Judentum nicht nur als eine Religion – man sah es als eine Kultur an, die nicht vereinbar war mit der deutschen und von der man sich auch nicht lossagen konnte. Schon 1791 hatte Carl Friedrich Grattenauer in einem Pamphlet die Idee einer negativen und korrupten jüdischen Identität lanciert. Juden, meinte er, würden nie ein Teil der sie umgebenden Gesellschaft werden können, wie sehr sie sich auch taufen ließen – eine Haltung, die eher antijüdisch als antisemitisch ist, ein Begriff, der erst 1860 geprägt wurde. Heine nannte das Phänomen später den »Judenschmerz«: dass man als konvertierter Jude, auch wenn man seinen Glauben und seine Kultur aufgegeben hatte, dennoch dem Antisemitismus ausgesetzt war. Einmal Jude, immer Jude.

IV. Musik als Zierde

»Den Mantel gib, setz' mir die Krone auf, ich fühl' ein
Sehnen nach Unsterblichkeit!«
William Shakespeare, *Antonius und Cleopatra*,
5. Aufzug, 2. Szene

»Von Deinen zwei Briefen, liebe Fanny, war der zweite mit dei-
nen tragikomischen Klagen über Mangel an Stoff besser, auch
sorgfältiger, fehlerloser geschrieben als der erste, in welchem
Du mir bloß vom Theater sprichst. Du bist nun schon weit ge-
nug, um außer in den Begebenheiten auch in Deinen Gedan-
kenstoff genug zur Unterhaltung mit mir zu finden, und es
würde mir angenehm sein, wenn Du diejenigen, welche Deine
Beschäftigungen an Dir erzeugen müssen, von Zeit zu Zeit mit-
teilst.«
Die Geschäfte nach dem Krieg bringen es mit sich, dass
Abraham oft auf Reisen ist und Lea sich allein um die Erziehung und Ausbildung der vier Kinder kümmern muss. Während eines längeren Aufenthalts in Paris 1819 und 1820 lässt
er sich die Aufsicht über seine Kinder nicht nehmen und stellt
hohe Anforderungen an ihre intellektuelle Entwicklung.

Sie lernen früh die Kunst des Briefeschreibens. Fannys
Korrespondenz aus jener Zeit ist nicht erhalten, aber sie
scheint sich die Ermahnungen des Vaters zu Herzen genommen zu haben. In einem späteren Brief an sie schreibt er zufrieden:

»Du hast endlich das Geheimnis gefunden, mir, recht wohl ge-
dacht und gefühlt, über dich und die Unsrigen zu schreiben und

nichts übers Theater. Je sparsamer ich mit meinem Lobe bin, desto gewissenhafter erteile ich es, wenn ich Veranlassung dazu finde, und Deine Briefe gefallen mit zuerst deswegen, weil sie sind, was sie sein können und sollen, natürlich und liebevoll für deine Umgebung. Gewiss habe ich dich auch recht lieb!«

Abraham ist in vielerlei Hinsicht ein moderner Mann mit liberalen Ansichten, sowohl in Bezug auf die Politik als auch die Erziehung seiner Kinder. Er möchte, dass seine Tochter ein denkender, selbständiger Mensch wird, er bewertet ihre Überlegungen und die Art, wie sie sich ausdrückt. Er fordert sie intellektuell heraus und teilt ihr offen seine eigenen Gedanken und Zweifel mit.

Als sie christlich konfirmiert werden soll, erzählt er ihr von seinen eigenen Bedenken und gibt ihr den einzigen Rat, den er geben kann – ihrem Herzen zu folgen. *»Ob Gott ist? Was Gott sei? Ob ein Teil unserer Selbst ewig sei und, nachdem der andere Teil vergangen, fortlebe? Und wo? Und wie? – Alles das weiß ich nicht und habe dich deswegen nie etwas darüber gelehrt. Allein ich weiß, daß es in mir und in dir und in allen Menschen einen ewigen Hang zu allem Guten, Wahren und Rechten und ein Gewissen gibt, welches uns mahnt und leitet, wenn wir uns davon entfernen.«*

Im gleichen Jahr, 1820, zieht die Familie an eine neue Adresse in Berlin, in die Neue Promenade 7. Auf der einen Seite fließt die Spree, an deren mit Holz befestigten Ufern die Mendelssohn'schen Söhne spielen. Daneben liegt der Hackesche Markt, ein beliebter Marktplatz, umgeben von hohen Häusern. Nicht weit entfernt erhebt sich das Rosenthaler Tor, durch das Moses Mendelssohn in die Stadt kam, das jetzt jedoch zu einem gigantischen römischen Triumphbogen umgebaut worden war.

Die Spandauer Vorstadt ist ein neuer Stadtteil Berlins, die Expansion war eine Folge des enormen Bevölkerungszuwachses. Hier wohnten vor allem Händler und Handwerker und ein Großteil der jüdischen Bevölkerung Berlins. Nur wenige ließen sich durch ihre Kleidung und Sprache als solche identifizieren, viele waren konvertiert und verschmelzen mit ihren christlichen Nachbarn.

Zwischen Wohnhäusern und Marktständen eingeklemmt liegt Berlins einziger jüdischer Friedhof. Er wurde von den ersten Schutzjuden angelegt, die sich 1672 hier niedergelassen hatten, auf der kleinen Fläche ruhen bei der Auflösung 1827 etwa dreitausend Personen. Unter anderen der Großvater Moses, ein Mitgründer der ersten Schule für jüdische Knaben in der Gegend.

Bella Salomon, der das Haus in der Neuen Promenade 7 gehört, wohnt ganz unten. Der zweite Stock ist vermietet, die Familie muss sich die vier Zimmer im obersten Stockwerk mit ihren Dienstboten teilen. Der Sänger und Schauspieler Eduard Devrient schreibt später: »*Bei dem Reichtum, den man Felix' Vater zuschrieb, mußte die Einrichtung der Wohnung fast gesucht einfach erscheinen. Tapeten und Möbel waren sehr bescheiden, aber die Wände des Salons waren mit den Kupferstichen der Raffaelschen Logen bedeckt.*« Obwohl Abraham inzwischen vermögend ist, leben er und Lea mit den Kindern eher bescheiden, und sie erziehen die Kinder auch entsprechend.

Fanny widmet sich enthusiastisch ihrem musikalischen Schaffen. Unter Zelters Anleitung komponiert sie unermüdlich und notiert ihre Werke in spezielle Musikalben. In einem knappen Jahr gelingen ihr achtunddreißig Lieder, mehrere Klavierstücke und ein Versuch zu einem sakralen Chorwerk.

Um von ihrem frankophilen Vater anerkannt zu werden, komponiert sie nicht nur zu deutschen Texten, sondern auch zu Gedichten des Naturdichters Jean-Pierre Claris de Florian. Vielleicht erkennt Fanny sich in der Schäferin Galatea, die ganz erfüllt ist von ihrem Ruf und nicht an Liebe und Ehe denkt.

Les soins de mon troupeau / Die Pflege meiner Herde
M'occupent toute entière / Erfüllt mich ganz und gar
C'est de mes seuls agneaux / Nur in meinen Lämmern
Que dépend mon Bonheur / Finde ich mein Glück

Abraham bekommt Fannys Kompositionen zugeschickt und antwortet mit konstruktiver Kritik. Das Lied *Les soins de mon troupeau* gefällt ihm besonders gut, er findet, es fließe leicht und natürlich, was ihm bei den anderen Liedern fehlt. *»Es ist heiter, fließend, natürlich, Eigenschaften die den meisten anderen abgehen, die zum Teil zu weit sind für die Worte. Jenes Lied gefällt mir so wohl, dass ich mir es seit gestern sehr oft vorgesungen, während ich von den anderen nichts behalten habe, und Fasslichkeit scheint mir eines der wichtigsten Erfordernisse eines Liedes [...] Ich rate dir sehr, dich möglichst an die Natürlichkeit und Leichtigkeit in deinen ferneren Kompositionen zu halten.«*
Abraham fordert immer wieder Natürlichkeit bei seiner Tochter ein; in ihrer Musik und beim Briefeschreiben und auch in ihrem Verhalten. Aber die jugendliche Fanny hat nicht die Absicht, sich auf einfache Lieder und Klavierstücke zu beschränken. Zusammen mit Felix singt sie im Chor der Singakademie, die komplexe mehrstimmige Werke aufführt, und sie saugt alles in sich auf, was Zelter über

den Kontrapunkt lehren kann, ihre Notizbücher enthalten viele seiner Korrekturen. Welche Träume und Ambitionen sie hat, können wir nur anhand ihrer fleißigen Arbeit erahnen. Sie hat noch nicht mit dem Tagebuchschreiben begonnen.

Ihre Mühen lohnen sich. Zusammen mit Felix unterhält und beeindruckt sie durchreisende Größen wie den Klaviervirtuosen Johann Nepomuk Hummel und den Komponisten Carl Maria von Weber. Der französische Geiger Alexandre Boucher, der zwar eher als Amateur angesehen werden kann, benutzt ihren zweiten Namen Cécile, um sie mit der Schutzheiligen der Musik, Cecilia, gleichzustellen.

Abraham betrachtet seine Tochter mit Stolz, aber auch mit Sorge. Sie ist jetzt vierzehn und somit ist es an der Zeit, die Träume der Kindheit aufzugeben und sich auf kommende Pflichten vorzubereiten: »*Was du mir über dein musikalisches Treiben im Verhältnis zu Felix in einem Deiner früheren Briefe geschrieben, war ebenso wohl gedacht als ausgedrückt. Die Musik wird für ihn vielleicht Beruf, während sie für dich stets nur Zierde, niemals Grundbass deines Seins und Tuns werden kann und soll. […] Durch Deine Freude an dem Beifall, den er sich erworben, hast du bewiesen, dass Du ihn Dir an seiner Stelle auch würdest verdienen können. Beharre in dieser Gesinnung und diesem Betragen, sie sind weiblich und nur das Weibliche ziert die Frauen.*«

Dies ist die Antwort auf einen Brief von Fanny, der nicht erhalten ist. Aber sie scheint sich mit Felix verglichen zu haben und sieht, wie ihre Zukunftsaussichten sich unterscheiden. War es womöglich eine versteckte Frage an den Vater, ein Versuch, seine Anerkennung und Ermunterung zu bekommen? Wie immer es formuliert war, Abrahams Antwort war, Fanny an ihre eigentliche Aufgabe zu erinnern – Frau zu sein.

⌒

Abrahams Einstellung unterschied sich keineswegs von den herrschenden Idealen in Preußen. Das 19. Jahrhundert wird oft als das Jahrhundert der Frau bezeichnet, neue politische Ideen, Industrialisierung, Urbanisierung und bessere Ausbildungen eröffneten auch für Frauen Möglichkeiten zu Berufstätigkeit und Teilhabe am öffentlichen Leben. Frauen bekamen ganz einfach mehr Macht über ihr Leben. Aber die Frauenbewegung, die im übrigen Europa zu wachsen begann, war in Deutschland noch sehr schwach und sollte erst nach der Revolution von 1848 stärker werden, wenn auch gegen großen Widerstand. Einige Jahrzehnte später sollte Kaiser Wilhelm II. den bereits existierenden Begriff »Kinder, Küche, Kirche« als Ziel für Frauen popularisieren. Eine höhere Bildung, Erwerbsarbeit, politisches Engagement und ein Leben in der Öffentlichkeit waren nicht Teil dieses Ideals.

Die Verbesserungen betrafen vor allem ärmere Frauen, die vermehrt in die Städte zogen und ein Teil der neu entstehenden Arbeiterklasse wurden. Für Frauen von Stand bedeutete diese Epoche eher einen Rückschlag. Die Aufklärung hatte die Bauernfamilie idealisiert und auch die Idee, die Rolle der Ehefrau und Mutter sei die natürliche Rolle der Frau. Aber im Gegensatz zur bäuerlichen Gesellschaft, in der Männer und Frauen die Tätigkeiten unter sich aufgeteilt hatten und Seite an Seite arbeiteten, wurden nun separate Idealbilder der Geschlechter geschaffen. Der Mann sollte der Versorger

54

der Familie sein und in der Öffentlichkeit agieren. Die Aufgabe der Frau war es, für das Heim und die Kinder zu sorgen und ihrem Mann eine einfühlsame Stütze zu sein. Allein ökonomische Not oder der Mangel an geeigneten Ehekandidaten zwang Frauen von Stand in das Berufsleben. Für eine wohlhabende bürgerliche Frau würde ein eigenes Einkommen also ihre soziale Stellung gefährden. »*Wäre sie die Tochter eines armen Mannes gewesen, dann wäre sie in der ganzen Welt als Pianistin von allerhöchstem Rang bekannt geworden*«, schrieb der einflussreiche, englische Musikkritiker Henry Chorley über Fanny. Die Zeitgenossin Clara Schumann, die im Gegensatz zu Fanny aus ärmeren Verhältnissen stammte, wurde von ihrem Vater geradezu ins Berufsleben gedrängt.

Abraham ist kein strenger Lehrer, der blinden Gehorsam fordert, sondern ein liebender Vater, der an das Pflichtgefühl der Tochter appelliert. Und doch ist er der Patriarch der Familie, auch wenn die Worte mit Milde gesprochen werden, sind sie streng und haben große Macht über Fanny. Sie ist dazu erzogen worden, ihre Familie zu respektieren und zu tun, was man von ihr erwartet. Sei »*treu und ergeben bis in den Tod*«, war die Ermahnung, die der Vater ihr zum Konfirmationstag gab.

Sein Verhalten ist jedoch ambivalent. Er bemüht sich weiterhin um detaillierte und konstruktive Kritik an Fannys Kompositionen. Als sie klagt, dass ihr Mittel- und ihr Ringfinger nicht stark genug sind, nimmt er das sehr ernst und kontaktiert die ehemalige Lehrerin der Kinder, die Pianistin Marie Bigot, und bittet sie um Rat. Oder wie Tante Jette es ausdrückt: weil für Abraham »*nur das Beste gut genug sei*«. Obwohl die Tochter nicht auf eine Karriere vorbereitet werden soll, möchte er ihr Talent entwickelt sehen.

Allerdings passt auch dies in das bürgerliche Frauenideal. Fanny wird ermuntert, Klavier zu spielen und bis zu einem gewissen Grad auch zu komponieren, aber nur im privaten Rahmen, hier ist das Musizieren eine Zierde des Hauses und verbessert den Status auf dem Heiratsmarkt. Doch dies ist großen Einschränkungen unterworfen. Das Klavier eignet sich als Instrument für Frauen, und was Kompositionen angeht, so werden nur kurze Lieder und kleine Klavierstücke als passend angesehen.

Sebastian Hensel, sehr darauf bedacht, die Familie Mendelssohn als gute deutsche Bürger darzustellen, und deshalb bisweilen etwas parteiisch in seinen Erinnerungen, berichtet zum Beispiel, Lea »*spielte und sang mit Ausdruck und Anmut, aber selten und nur für Freunde*«.

All dies zeigt ein interessantes Paradox: Abraham ist politisch liberal und hat großes Vertrauen in den Intellekt seiner Tochter und in ihre Fähigkeit, selbst ihren Weg zu finden, beispielsweise was die Religion betrifft. Und doch ist er, genau wie die anderen Männer seines Standes, konservativ in Bezug auf ihren Platz in der Öffentlichkeit. Diese Ambivalenz ist verständlich, wenn man bedenkt, dass er als Jude mit der Absicht zu konvertieren nichts tun will, was die Stellung der Familie in der christlichen Gesellschaft gefährden könnte.

Jahrhunderte der Verfolgung, gesetzlicher Restriktionen und Absonderung werden nicht ausradiert, nur weil man einen Taufschein in der Hand hat oder, wie der Dichter Heinrich Heine es ausdrückte, »das Entrébillet in die europäische Kultur«. Wenn man den wachsenden Judenhass und die Hep-Hep-Krawalle noch frisch im Bewusstsein hat, dann kann man es nicht merkwürdig finden, dass Abraham sich

Sorgen um seine Tochter macht. Sie muss eine gute Partie sein, einen Protestanten heiraten und so die Zukunft der Familie sichern.

Aber es gab zu jener Zeit auch andere Alternativen für Frauen in der gleichen Situation. Fanny Lewald zum Beispiel wurde in eine wohlhabende jüdische Handelsfamilie geboren, die zum Christentum konvertierte. Genau wie Abraham engagierte sich ihr Vater für ihre intellektuelle Entwicklung, aber er hatte auch einen Ehemann für sie ausgesucht. Schließlich gestatteten ihre Eltern, dass sie im Alter von vierunddreißig Jahren in eine eigene Wohnung zog und ihren Lebensunterhalt als Schriftstellerin verdiente. Sie war eine der wichtigsten Stimmen für die frühe Frauenbewegung in Deutschland.

Abraham ermunterte Felix sehr viel nachdrücklicher. Als er von einer Reise aus Paris zurückkehrte, hatte er Überraschungen für die Kinder dabei. Fanny bekam eine Halskette, auf die ihre Freundinnen sicher neidische Blicke geworfen haben. Die Fünfzehnjährige hätte jedoch viel lieber das Geschenk ihres Bruders bekommen – Material, das ihn befähigt, seine erste Oper zu komponieren.

Felix darf auch Orgelunterricht beim Organisten und Komponisten August Wilhelm Bach nehmen, der später Leiter der Königlichen Musikalischen Akademie in Stockholm wurde. Der Lehrer ärgert sich durchaus über den begabten Elfjährigen, der die Welt mit seinem offenen Blick betrachtet, als würde sie ihm gehören. Als Felix eine Bach-Fuge anschauen will, sagt er zu einem seiner Schüler: »*Was braucht der Judenjunge Alles zu haben, er hat ohnedem genug, geben Sie ihm die Fuge nicht.*«

Während einer Unterrichtsstunde an der gigantischen Orgel in der Marienkirche spielt Felix stolz ein Präludium in d-Moll, das er zum Verdruss des Lehrers selbst komponiert hatte. Ein paar Bänke weiter sitzt Fanny. Wilhelm Bach wundert sich ein wenig über diese Zuhörerin, die ein paar Jahre ältere Schwester, die ihrem Bruder zu folgen scheint wie ein Schatten.

Hätte sie ihren Blick nach oben gewandt, in den gotischen Turm, dann wäre er womöglich an dem zweiundzwanzig Meter langen und zwei Meter breiten Kalkgemälde hängen geblieben, das einen grausigen Totentanz darstellt. Die ausgemergelte, in ein weißes Laken gewickelte Gestalt, die den Betrachter an den eigenen Tod erinnern soll, kann jedoch Fannys Aufmerksamkeit nicht fangen. Sie darf selbst nicht Orgel spielen, aber sie nimmt so viel wie nur möglich vom Unterricht des Bruders in sich auf.

Felix macht große Fortschritte. In nur zehn Wochen schreibt er seine Oper für großes Orchester, und nicht einmal Zelter bekommt einen Ton zu hören, bevor sie fertig ist. Die Einzige, die nicht nur die Erlaubnis hat, Felix' isolierte musikalische Welt zu betreten, sondern ihm auch helfen darf, ist Fanny. Er akzeptiert ihre Kritik und macht alle Änderungen, die sie vorschlägt. Sie ist bei allen Kompositionen seine Lehrerin und Ratgeberin, er nennt sie seine »Minerva«, die Göttin der Weisheit, die laut römischer Mythologie voll entwickelt aus dem Kopf des Jupiter geboren wurde.

Fanny lebt ihre Musikalität immer mehr durch Felix aus, vermutlich hat das seinen Grund im Brief des Vaters. Sie steht ihm bei und macht ihn zum Mittelpunkt ihres Lebens.

Oder, wie sie es ein paar Jahre später ausdrückt: »*Du bist unser Alpha und Omega, und alles, was dazwischenliegt. Du bist unsere Seele, und unser Herz, und der Kopf dazu, der Rest mag sich hängen lassen. […] Für mich gibt es eigentlich zwei Gattungen von Menschen, Du, und dann die anderen.*«

Felix' Singspiel *Die Soldatenliebschaft* wird mit Klavierbegleitung zum ersten Mal am Geburtstag von Abraham aufgeführt. Zum zwölften Geburtstag von Felix überraschen die Eltern ihren Sohn mit einer vollständig besetzten Aufführung des Werks. In der großen Halle wird ein Amphitheater aufgebaut, in dem das Orchester – die besten Musiker der Königlichen Kapelle – sitzt. Felix hat am Klavier Platz genommen. Fanny wirkt als Sängerin mit, aber ihr Bruder wird auf die Bühne gehoben und darf nach gelungener Vorstellung die Hurra-Rufe des Publikums entgegennehmen.

Auch Fanny will dramatische Musik schreiben. Trotz der Forderung des Vaters nach Natürlichkeit und Femininität macht sie sich im Jahr 1821 an ihr bisher anspruchsvollstes Projekt, es ist der Versuch, für ein ganzes Orchester zu schreiben: eine neue Version der einleitenden Arie zu *Le Devin du Village* des Philosophen und Komponisten Jean-Jacques Rousseau. Ganz schön mutig, dieses Werk hatte schon großen Erfolg, als es 1752 uraufgeführt und danach bei der Hochzeit von Ludwig XVI. und Marie Antoinette gespielt wurde.

Fanny wird dieses Werk nie zu Ende bringen. Vielleicht rät man ihr nicht direkt ab, aber auf jeden Fall erwartet es niemand, und darum gebeten hat man schon gar nicht. Dieser misslungene Versuch, im Gegensatz zu Felix' Erfolg zur glcichen Zeit, sagt vielleicht weniger aus über den Unterschied in Bezug auf Talent und Tatkraft als über die Umstände. Fannys Sohn, Sebastian Hensel, schreibt später, »*Man kann dreist behaupten, daß ohne diesen Vater Felix Mendelssohn nie das geworden wäre, was er war.*« Lea beschreibt ihre Tochter 1821 als »durch und durch musikalisch«, dass ihr jedoch das Selbstvertrauen von Felix fehle.

Während also Felix mehrsätzige Klaviersonaten, Symphonien und Chorwerke komponiert, kehrt Fanny eine Zeitlang zu kurzen Klavierstücken und Liedern zurück. Sie muss sich damit abfinden, dass nur die Entwicklung des Bruders zählt, seine Erfolge gepriesen werden, alle nur über seine Zukunft reden. Und dennoch – und das ist wichtig – schreibt sie weiterhin Musik. Sie kann es nicht lassen.

V. Fanny und Felix – eine Wegkreuzung

>»Ich weiß recht gut, dass kein Musiker seine Gedanken, seine Talente anders machen kann, als der Himmel sie ihm gibt; dass er aber, wenn der Himmel sie ihm gut gibt, sie auch gut ausführen können muss, das weiß ich ebenfalls.«
>
> *Felix Mendelssohn Bartholdy*

Fannys Musikunterricht ist beendet worden. Die Tage ziehen sich, lang und sinnlos, das Haus an der Neuen Promenade ist leer. *»Des Abends, wenn um die Teestunde die Treppentüre geöffnet wird, rufen wir oft wie aus einem Munde: das klingt, als ob Felix käme«*, schreibt Fanny. Aber sie muss sich damit begnügen, immer wieder das Bild anzuschauen, das Carl Begas kürzlich gemalt hat. Es fängt den Zwölfjährigen sehr gut ein, mit den langen braunen Locken und dem etwas altklugen Blick, der ihrem begegnet.

Ihr Bruder ist verreist. Er und Zelter werden einige Wochen bei Johann Wolfgang Goethe in Weimar wohnen. Es war natürlich nie die Rede davon gewesen, dass Fanny mitkommen könnte, und sie hat wohl nicht einmal gewagt, so einen Wunsch im Stillen für sich zu formulieren.

Zufall oder nicht, aber kaum hat Felix Berlin verlassen, bekommt Fanny Fieber und Husten und kann die Singakademie nicht besuchen – ihre einzige Möglichkeit, zumindest zu versuchen, mit ihrem Bruder Schritt zu halten. Wegen des gemeinen Hustens bekommt sie zwei Wochen keinen

Ton heraus und auch das Klavier rührt sie drei Tage nicht an – das ist noch nie vorgekommen.

Als die Vokalpartitur zu Carl Maria von Webers Oper *Der Freischütz* eintrifft, macht ihr das nur wenig Freude. Es ist nicht das Gleiche, wie wenn sie und Felix sich gemeinsam darin hätten vertiefen können. Sie fühlt sich auch von Zelter vernachlässigt, der *»schreibt nur seinem Straßenengel, ohne seiner ernsthaften Beste[n] auch nur einen Gruß zu senden«.*

Die einzigen Lichtblicke sind die Briefe von Felix. Sie sind der Beginn eines lebenslangen Briefwechsels und sie sind zeitweise Fannys Fenster in die Welt, aber auch Spiegel der Beziehung der beiden Geschwister. In den kommenden Jahren wird Felix seine Kompositionen an die Schwester schicken und sie um Kommentare bitten. Doch es kommen auch Zeiten, in denen Fanny sich beklagt, dass sie so selten etwas von ihrem Bruder hört und so wenig über sei Leben erfährt.

Aber während des Aufenthalts in Weimar vergehen selten mehr als ein paar Tage ohne detaillierte Berichte zwischen ihnen. Ihren ersten Brief beginnt Fanny mit den mütterlichen Worten: *»Du fehlst einem spät und früh, lieber Sohn! Und die Musik besonders will gar nicht rutschen ohne Dich.«*

Der Besuch bei Goethe ist sehr wichtig für Felix und die ganze Familie Mendelssohn. Da der Beruf des Musikers noch nicht lange für Personen von Stand zugänglich ist, wird er immer noch als ausgesprochen unsicher angesehen, und die meisten, die die Absicht haben, sich als Komponisten oder ausübende Musiker zu versorgen, müssen mit harter Arbeit und kleinen Einkünften rechnen.

Wie Leas Bruder, Jakob Bartholdy, es ausdrückt: *»Ich bin*

nicht ganz einverstanden, daß du Felix keine positive Bestimmung gibst. Dies würde und könnte seiner Anlage zur Musik, über die nur eine Stimme ist, keinen Ertrag tun. – Ein Musikus von Profession will mir gar nicht in den Kopf. Das ist keine Karriere, kein Leben, kein Ziel; [..] Lasse den Buben ordentlich studieren, dann auf der Universität die Rechte absolvieren und dann in eine Staatskarriere treten.«

Wenn Felix nicht so außergewöhnlich begabt gewesen wäre, hätten Abraham und Lea niemals ihre Zustimmung zu diesem steinigen Weg gegeben. Aber im Unterschied zu Fanny, bei der einerseits ein Einkommen und andererseits eine Rolle in der Öffentlichkeit sie und die Familie hätten in Schwierigkeiten bringen können, wäre die Berufstätigkeit von Felix eine Möglichkeit, die Umgebung davon zu überzeugen, dass die Familie nun auf dem Weg war, gute Protestanten zu werden. Er schließt sich auch nicht den Zünften an, die Juden normalerweise offenstehen, und das bedeutet, sie alle machen einen Schritt auf dem Weg zur vollen kulturellen Integration.

Um herauszufinden, wie groß Felix' Potenzial wirklich ist, und um ihm die notwendigen Kontakte für ein Leben im Dienst der Kultur zu verschaffen, braucht es das Urteil einer bekannten, einflussreichen Person, und wer passt da wohl besser als Deutschlands Landesvater, *»die Sonne von Weimar«*, wie Felix Goethe in einem Brief nennt?

Im Jahr 1774 dringt der *leidende Werther* des vierundzwanzigjährigen Goethe wie ein Messer ins Herz des jungen romantischen Europa – sogar Napoleon hat das Buch siebenmal gelesen –, und fast fünfzig Jahre später ist der Schriftsteller beinahe so etwas wie ein Gott in Deutschland. Wenn dieser Mann Felix sieht und ermutigt, kann man sicher sein, dass die musikalische Laufbahn die richtige Wahl ist. Zelter, der Goethe ja schon länger kennt, führt den Knaben bei Goethe ein und beschreibt ihn als »*munter und gehorsam*« und »*zwar ein Judensohn, aber kein Jude*«.

Bereits vor der Ankunft in Weimar erlebt Felix Dinge, die Fanny nie erleben wird. Schon auf der Reise lernt er namhafte Musiker kennen und hört Konzerte. Einer der Zwischenhalte ist Leipzig, die Stadt, über der immer noch der Geist von Johann Sebastian Bach schwebt. Vierzehn Jahre später wird Felix das Gewandhausorchester leiten und es zu Großtaten führen und in dieser Stadt auch ein Musikkonservatorium gründen.

Das alles weiß er natürlich noch nicht, und er trifft jetzt den älteren Professor Schicht, einen von Bachs Nachfolgern als Kantor der Thomaskirche. Felix darf all die Orte besuchen, an denen der Komponist gelebt und komponiert hat, und in seinen Briefen berichtet er aufgeregt, »*der alte Herr Schicht schläft in derselben Kammer, in der Sebastian Bach wohnte, ich habe sie gesehen, ich habe das Fleckchen gesehen, an dem sein Clavier stand, wo er seine unsterblichen Motetten componiert hat*«.

Fanny, für die Bach immer das große Vorbild gewesen ist, muss eifersüchtig geworden sein, obwohl man solche Gefühle ihren Briefen nicht direkt entnehmen kann.

Die Familie ist sehr stolz, als Schicht später Felix' Musik in der Thomaskirche spielen lässt. Wenn Fanny das Gefühl hat, dass die Musik nicht *rutschen* will, so gilt das Gegenteil für ihren Bruder. »*Ich spiele hier viel mehr als zu Hause, unter*

vier Stunden selten, zuweilen sechs, ja wohl gar acht Stunden«,
schreibt er aufgeregt an seine Familie.

Obwohl die Augen brennen und der Kopf dröhnt, zwingt
Fanny sich täglich aus dem Krankenbett, um die Feder zu er-
greifen und an Felix zu schreiben. Sie bittet ihn, zu berichten, wo und wann er etwas spielt und wie es aufgenommen
wird. Sie möchte auch wissen, wie die Unterrichtsstunden
bei dem Komponisten und Klaviervirtuosen Johann Nepomuk Hummel verlaufen. Wenn sie schon selbst nicht dabei
sein kann, so möchte sie doch wenigstens Informationen
aus zweiter Hand. Aber vor allem will sie alles über Goethe
und Weimar wissen: »Wenn du zu Goethe kömmst, sperre Augen und Ohren auf, ich rate es Dir, und kannst Du bei Deiner
Rückkehr mir nicht jedes Wort aus seinem Munde wieder erzählen,
so sind wir Freunde gewesen. Bitte vergiss nicht, sein Haus zu
zeichnen, es wird mir Freude machen [...] Du schreibst uns nicht,
was Goethe für ein Instrument hat. Merke Dir sein Zimmer recht,
Du mußt mir eine genaue Beschreibung davon machen.«
    Schon bevor Fannys Wunsch den Adressaten erreicht, hat
Felix an seine Schwester geschrieben. Noch hat er den großen
Schriftsteller nicht getroffen, aber er lässt sie teilhaben an dem,
was er erlebt hat. Er ist offenbar der Mittelpunkt, nicht nur
in Fannys Leben, sondern für alle in seiner Nähe: »Professor
Zelter klagte über die Kürze des Bettes, Doris über seine Bevölkerung, und ich über die leidigen Federn. Als der Tag noch nicht
angebrochen war, merkte ich dass eine Hand mich leise anfasste,
und meine Decke ein wenig zurückstrich. Es war Herr Professor.
Ich fragte ob er etwas verlangte, ob ich Wasser holen sollte, oder
sonst etwas? Er sagte: Ach nein, ich träumte du wirst mir gestoh-
len, und da wollte ich sehen ob du noch da wärest!!!«

Wenn Briefe von Felix in der Neuen Promenade 7 ankommen, ist das ein großes Ereignis. Nachdem die engste Familie sie gelesen hat, werden sie bei den Mendelssohn'schen Verwandten und Freunden herumgereicht, die durchaus ihrem Erstaunen Ausdruck geben. Tante Henriette schreibt: »*Das ist ein Künstler in der vollsinnigsten Bedeutung, selten hohe Fähigkeiten, bei dem edelsten, weichsten Gemüt! wenn Gott diesen Knaben erhält, so werden nach langen, langen Jahren seine Briefe einst Epoche machen. Bewahren Sie sie wie ein Heiligtum.*«

Je mehr Felix sehen und erleben darf, desto schwieriger wird es für Fanny, ihren Vorsprung als große Schwester nicht zu verlieren. Sie bemüht sich redlich, die bisherige Ordnung aufrechtzuerhalten, beurteilt und kommentiert seine Briefe und erinnert ihn an die Rollenverteilung zwischen ihnen, mit Verweis auf sich selbst als seine »Minerva«: »*Wie ist Deine jetzige Minerva, Prof. Mentor, mit dir zufrieden? Ich hoffe (um recht hofmeisterlich zu werden) dass Du Dich recht vernünftig aufführst und der Erziehung deiner Hausmeisterin Ehre machst.*«

Sie beschließt diesen Brief, indem sie ihn schelmisch in die Welt der Erwachsenen einweiht, aber sie gibt auch zu, wie wichtig er für ihr eigenes schöpferisches Tun ist: »*Adieu, mein Hamletchen! Gedenke meiner, wenn ich 16 Jahre alt werde! Noch eins, Du musst auf meine Gesundheit ganz im Stillen einen Schluck Wein trinken, das bind ich Dir auf die Seele, das Kupfer welches daraus entstehen möchte, übernehme ich ganz und gar. Adieu, vergiss nicht dass Du meine rechte Hand und mein Augapfel dazu bist, dass es also ohne Dich auf gar keine Art mit der Musik rutschen will.*«

Goethe kam 1774 nach Weimar, eingeladen vom Herzog Karl August, die Stadt wurde von da an seine Residenz und blieb es sechzig Jahre. Er befasste sich mit den Geschäften des Herzogtums, und hier erwachte auch sein Interesse für die Naturwissenschaft. Er schrieb viele seiner bekanntesten Werke wie den *Faust I* (1808) und erneuerte zusammen mit Friedrich Schiller das berühmte Weimarer Theater.

Er lebte mit seiner Familie in einem großen Barockhaus mit dazugehörigen Gärten und empfing einen nie versiegenden Strom namhafter Gäste: den Schriftsteller Friedrich Schlegel, den romantischen Dichter Novalis, Heinrich Heine, das Schriftstellerpaar Achim und Bettine von Arnim, den britischen Schriftsteller Thackeray. Im Oktober 1821 erscheint ein zwölfjähriger Knabe und reiht sich ein in die Schar von Bewunderern des Schriftstellers, der zu diesem Zeitpunkt 72 Jahre alt ist, aber »*Man hält ihn nicht für einen Dreiundsiebziger, sondern für einen Fünfziger*«, sagt Felix über Goethe.

»*Er ist eben nicht viel größer als Vater. Doch seine Haltung, seine Sprache, sein Name, die sind imposant [...] und schreien kann er wie 10 000 Krieger. Sein Haar ist noch nicht weiß, sein Gang ist fest, seine Rede sanft.*«

Die Bewunderung ist gegenseitig. Goethe ist begeistert von dem Jungen und nennt ihn »*den zweiten Mozart*«, mit dem man, im Unterschied zum ersten, eine vernünftige Konversation führen kann. Felix hatte kurz vor seiner Abreise damit begonnen, musikalische Improvisation zu studieren, hier kann er seine Fähigkeiten jeden Tag stundenlang testen und entwickeln. Goethe, der große Teile seines Lebens unter Depressionen, Angstattacken und Selbstmordgedanken litt, vergleicht ihre Beziehung mit der des jungen David in der Bibel, der für König Salomon spielen durfte, um dessen Sinne zu beruhigen. Im »Junozimmer« wurden Musikfeste abgehalten, der Junge spielt auf dem sechs Oktaven breiten Klavier, über dem symbolischerweise eine große Büste wacht, die eine römische Göttin darstellt. Die Königin der Götter, Juno, hat den Platz der weisen Minerva eingenommen.

Aber Felix hat seine musikalische Schwester nicht vergessen. Er schreibt der hustenden Fanny aufmunternd, er habe der Schwiegertochter von Goethe einige ihrer Lieder vorgespielt, sie hätten ihr sehr gefallen und er werde sie dem alten Herrn vorspielen: *»Ich sagte es ihm auch schon, daß Du sie gemacht hättest, und fragte, ob er sie wohl hören wolle. Er sagte: ja, ja, sehr gerne. Der Frau von Goethe gefallen sie besonders. Ein gutes Omen. Heute oder morgen soll er sie hören.«*

Goethe bekommt auch Fannys Vertonung seines eigenen Gedichts *Erster Verlust* zu hören. Nur wenige Jahre zuvor hatte Franz Schubert eine Komposition auf den gleichen Text nach Weimar geschickt, er hatte die Sendung jedoch ungeöffnet zurückerhalten. Fannys Komposition beantwortet Goethe mit einem Gedicht, das er Zelter mit den Worten *»Bringen Sie das dem lieben Kinde«* anvertraut:

Wenn ich mir in stiller Seele
Singe leise Lieder vor:
Wie ich fühle, daß sie fehle,
Die ich einzig auserkor;
Möcht' ich hoffen, daß sie sänge,
Was ich ihr so gern vertraut;
Ach! aus dieser Brust und Enge
Drängen frohe Lieder laut.

Soweit wir wissen, hat Fanny dieses Gedicht nicht vertont. Sie arbeitete während dieser Zeit an kurzen, melodischen Klavierstücken, bei denen man sich vorstellen kann, dass der Text fehlt: Lieder ohne Worte.

Fannys Rolle bei der Entstehung dieses neuen Genres *Lieder ohne Worte* ist nicht ganz klar; die frühesten Kompositionen dieses Typus von Felix werden auf 1828 datiert. Fanny selbst hat diesen Begriff nie verwendet, aber sie bezeichnete ihre Klavierstücke oft als Lieder. Ein frühes Beispiel für so ein liedartiges Klavierstück ist *Stück ohne Titel* in e-Moll aus dem Jahr 1821, meint der Mendelssohn-Forscher R. Larry Todd. Wurde damit vielleicht dieser Stil geboren?

Während ihrer frühen Jahre stehen Fanny und Felix unter dem starken Einfluss des Barockmeister Johann Sebastian Bach. Sie sind auch vom späten Beethoven beeinflusst, und, im Gegensatz zu ihrem Lehrer, ganz begeistert von Carl Maria von Webers romantischer Oper *Der Freischütz*. Sie sind auf der Schwelle zwischen Klassik und Romantik, und vor allem die Musik von Felix entwickelt sich als eine Mischung aus klassischer Technik im Gefolge von Mozart und Haydn, und romantischer Subjektivität und Phantasie.

Während er sich mit Hilfe herausragender Lehrer vervollkommnet, tut Fanny ihr Bestes, um sich selbständig zu entwickeln. So kämpft sie in seiner Abwesenheit mit einer Klaviersonate in F-Dur, es ist ihre bisher größte Klavierkomposition.

Die Sonate, normalerweise ein Instrumentalwerk mit mehreren Sätzen, ist ein größeres und künstlerisch anspruchsvolles Werk, und für Fanny sicher vor allem mit dem männlichen Genie verbunden – bedeutende Vorgänger sind Haydn, Mozart und Beethoven.

Schon in Paris bei Marie Bigot kam Fanny mit Beethovens Sonaten in Kontakt. Die letzte erschien in seinem Todesjahr 1827. Drei Jahre zuvor war die Sonate Nr. 29 publiziert worden, sie ist unter dem Namen *Hammerklaviersonate* bekannt und wurde als unspielbar angesehen, bis Franz Liszt sie fünfzehn Jahre später aufführen konnte. Beethovens Sonaten werden als Brücke zwischen Salon und Konzertsaal angesehen, sie eignen sich sowohl für private als auch für öffentliche Aufführungen. Will Fanny damit ihren Wunsch nach mehr Öffentlichkeit ausdrücken? Sie macht eindeutig einen Schritt in Felix' kreativen Bereich.

Sich überhaupt an etwas zu trauen, was Beethoven zu einer sehr komplexen Kunstform entwickelt hat, erfordert großen Mut. Es steht auch in scharfem Kontrast zu den einfachen und »natürlichen« Klavierstücken, die ihr Vater von ihr komponiert bekommen möchte. Und es ist keine leichte Aufgabe, besonders ohne Hilfe. Sie versucht, den ersten Satz fertig zu komponieren, bis Felix zurückkommt, aber sie schreibt, dass die Korrekturen mühsam seien und die Arbeit nur langsam vorangehe.

Ihre Sonate ist nicht erhalten, aber sehr viel später wird sich zeigen, dass sie ihre Schwierigkeiten überwunden und gelernt hat, diese von männlichen Genies gepflegte Werkform zu beherrschen.

Im Jahr 1970 findet der Sammler und Schallplattenproduzent Henri-Jacques Coudert in einer Buchhandlung in Paris ein Manuskript. Die Sonate ist mit *F. Mendelssohn* signiert, und man nimmt an, dass es eine bislang unbekannte Komposition von Felix ist. Coudert lässt das Werk veröffentlichen und mit dem französischen Pianisten Eric Heidsieck unter dem Namen *Sonate de Pâques* (Ostersonate) einspielen.

Im Jahr 2009 hört die amerikanische Musikwissenschaftlerin Angela Mace Christian die Einspielung und glaubt, Fannys Musiksprache zu erkennen. Im Mendelssohn-Archiv in der Berliner Staatsbibliothek hat sie zudem ein Musikalbum von Fanny gefunden, in dem dreißig Seiten fehlen.

Sie meldet sich bei Coudert und überredet ihn, ihr das Werk zu zeigen. Es stellt sich heraus, dass es genau mit den Seiten nummeriert ist, die in Fannys Album fehlen. Außerdem ist es voller Durchstreichungen und Korrekturen, was darauf hindeutet, dass es sich nicht um die Kopie eines Werks von jemand anderem handelt. Coudert weigert sich jedoch, Fanny als die eigentliche Urheberin anzuerkennen, und sagt zu Mace Christian: »*Es kann nicht von Fanny sein. Es ist ein Meisterwerk … sehr maskulin. Sehr gewaltig.*«

Das Manuskript ist inzwischen in einer privaten Sammlung verschwunden, aber es gelangte 2012 in die Öffentlichkeit, als Andrea Lam es an der Duke University spielte. Angela Mace Christian hat es ediert, und man kann es auf ihrer Webseite herunterladen. Am 8. März 2017 hatte die Sonate ihre Europa-Premiere, als die Russin Sofya Gulak sie im Royal College of Music in London spielte. Das Konzert wurde auch von der BBC gesendet.

Fanny erwähnte ihr Werk nur flüchtig an einer Stelle in ihrem Tagebuch: »*ich spielte meine Ostersonate.*«

VI. Jugendliche Zweifel

»Mit dem neuen Leben, das einem nachdenklichen
Menschen die Betrachtung eines neuen Landes ge-
währt, ist nichts zu vergleichen. Ob ich gleich noch
immer derselbe bin, so mein ich, bis aufs innerste
Knochenmark verändert zu sein.«
Johann Wolfgang von Goethe, *Italienische Reise*

Früh am Morgen verlassen sie das schweizerische Altdorf,
die Stadt, in der der Sage nach Wilhelm Tell mit einem Pfeil
einen Apfel vom Kopf seines Sohnes geschossen haben soll.
Über ihnen ist die Sonne hinter einer Wolke versteckt, aber
ihre Reise geht nach Süden auf einen blauen Streifen weit in
der Ferne zu. Sie fahren am Fluss Reuss entlang, durch ein
Tal, das von hohen Bergen umgeben ist und in dem Obstbäu-
me, Nussbäume und Tannen wachsen.

Nach einer Weile verändert sich die Landschaft. Das Tal
wird schmaler, die Felswände steiler und das Brausen des
Flusses immer wilder. Als sie zur Schöllenen-Schlucht kom-
men, gibt es keine Zeichen von menschlichem Leben mehr.
Fanny sieht nur noch schroffe Felsen hervorragen und den
Fluss, der sich hindurchschneidet.

Die Mischung aus Angst und Begeisterung nimmt mit jedem Schritt zu, bis sie schließlich zur Teufelsbrücke gelan-
gen, der Legende zufolge soll der Teufel den verzweifelten
Dorfbewohnern geholfen haben, die Brücke zu bauen, und
als Gegenleistung eine Seele verlangt haben. Als sie auf die
schmale Brücke tritt, ist sie ganz von Steinen umgeben. Un-

ter ihr strömt das Wasser, ein eiskalter Wind erfasst sie, die Angst breitet sich im Körper aus.

Aber kurze Zeit später sind die Felsen verschwunden und das Rauschen des Flusses ist verstummt. Fanny steht am Rande eines friedlich blühenden Tales, eingerahmt von grünen Hügeln. Kleine Hütten liegen verteilt, als seien sie vom Himmel gefallen.

So etwas Schönes hat sie noch nie gesehen. Eine Kirchenglocke läutet, vielleicht vom Dorf Andermatt, sie empfindet Dankbarkeit für den Gott, der nicht nur all das geschaffen hat, sondern es ihr auch zeigt.

Und weit dort drüben, hinter den Gletschern – die Grenze nach Italien. Eine starke Sehnsucht nach dem, was hinter den Bergen liegt, durchfährt sie, das Schicksal scheint zu rufen: Bis hierher und nicht weiter! Tränen laufen über ihre Wangen. »*Wäre ich an diesem Tage ein junger Bursche von 16 Jahren gewesen, bei Gott! ich hätte zu kämpfen gehabt, um keinen dummen Streich zu begehen*«, schreibt sie später ihrer Freundin Marianne.

Fannys emotionaler Augenblick am Sankt-Gotthard-Pass im Süden der Schweiz ist das Ende der langen Reise, auf die die Familie Mendelssohn sich im Juli 1822 begeben hat. Tante Henriette vergleicht sie mit einer Gesellschaft aus Prinzen, Künstlern und Poeten, wie sie da durch Europa reisen.

Diese Erfahrung wird noch viele Jahre in Fannys Gedanken und Träumen weiterleben. Unter anderem inspiriert es sie, ohne je die Grenze übertreten zu haben, zu dem Lied *Italien*, das sogar der Königin Victoria von England imponiert.

Im Verlauf der Reise machen sich weitere Veränderungen bei der bisher so selbstbewussten Fanny bemerkbar. Vielleicht ist es die Entwicklung von Körper und Psyche in der Pubertät, aber vielleicht ist es auch, dass sie nun erleben muss, wie die Aufmerksamkeit sich verschiebt. Ihr bisheriges Leben war sie als Wunderkind verehrt, zu Höchstleistungen angespornt worden, und sie hatte mit Felix konkurriert. Auf einmal soll sie die Wettkampfarena verlassen und nur noch Frau sein, Körper sein und nicht mehr Intellekt. Die strengen Forderungen, die man an sie stellt und die keine wirkliche Bedeutung für ihr Leben haben, verwirren sie. Immer öfter quälen sie Zweifel und Selbstkritik.

Mit auf der Reise sind auch die Cousinen Julie und Marianne Saaling, die Töchter von Leas Onkel Jakob. Fanny genießt die Gesellschaft der älteren Mädchen, sie durchbrechen den Ernst, den sie von zu Hause gewohnt ist. Mit den Schwestern Saaling ist sie zum ersten Mal in der Rolle der kleinen Schwester, und nicht nur die verantwortungsvolle, ordentliche große Schwester: *»Das Lachen nimmt kein Ende, und namentlich des Abends beim Schlafengehen (ich schlafe immer mit ihnen) sind sie wirklich ganz einzig. Marianne hat überall Bekannte und wird, wo sie hinkommt, mit Entzücken aufgenommen [...] Wir amüsieren uns über alle Maßen, und wenn ich es dir so zerstreut und unzusammenhängend schreibe, so beschuldige mich nicht. Es ist ein schrecklicher Spektakel hier im Zimmer.«*

Julie ist berühmt für ihren Humor und Marianne für ihre Schönheit – zwei Eigenschaften, die wichtig sind für den gesellschaftlichen Erfolg und die Fanny nicht besitzt, das spürt sie. Sie verfügt zwar über einen forschen Sarkasmus, den sie gerne gegen jene richtet, die sich allzu viel einbilden, aber leicht und lustig, das sind keine Worte, die sie beschreiben könnten.

In einem Brief an Tante Jette fasst sie den Druck darüber in Worte, die Tante schreibt ihr wenig aufmunternd zurück: »*Sei doch nur recht froh und glücklich, und gelingt es Dir nicht, eigentlich lustig zu sein, so tröste Dich mit Goethes Ausspruch: ›Auch das Leben bedarf dunkler Blätter im Kranz.‹*«

Tante Jette schreibt auch, dass sie Fanny gerne ein Kleid nach der neuen Mode aus Paris geschickt hätte. Aber da sie offenbar so korpulent geworden sei, traue sie sich nicht, denn diese Kleider passten nur Frauen mit der Silhouette einer Nymphe oder kleinen Mädchen. Das Aussehen ist ein sensibles Thema für Fanny. Schon als Felix ein Säugling war, hatte Lea festgestellt, dass er schöner als seine Schwester werden würde. Später, als Fanny sich verloben will, stehen die Aspiranten bei ihrer Schwester Rebecka Schlange. In bürgerlichen Familien ist es üblich, dass die älteste Tochter zuerst unter die Haube kommt, aber Rebecka ist die begehrtere Kandidatin. Sie hatte eine hohe Stirn, ein spitzes Kinn und ein sanfteres, offeneres Gesicht als ihre große Schwester. Der Dichter Heinrich Heine soll gesagt haben, er gehe nur zu Mendelssohns, wenn er sicher ist, dass die jüngere Schwester zu Hause ist.

In einem Brief an den Freund Klingmann zeigt Fanny später, dass sie sich ihrer Lage schmerzhaft bewusst ist, auch wenn sie, wie so oft, ihre Gefühle in Ironie kleidet: »*Dass man übrigens seine elende Weibsnatur jeden Tag, auf jedem Schritt seins Lebens […] von Herren der Schöpfung vorgerückt bekommt, […] ist ein Punkt, der einen in Wuth und somit um die Weiblichkeit bringen könnte, wenn dadurch nicht das Übel ärger würde.*«

Françoise Tillard fragt sich in ihrer Biografie *Die verkann-te Schwester*, ob Fanny womöglich unter einer Essstörung litt: Hin- und hergerissen zwischen dem intellektuellen Milieu im Hause Mendelssohn und den Erwartungen, die an ein junges Mädchen gerichtet wurden, zog sie vielleicht den Genuss des Essens vor.

Auch Lea erwähnt so etwas in einem Brief: »*Fanny grämt sich trotz aller Entzückungen, dass die köstlichsten Speisen die malerische Aussicht, welche hier nicht für sie ist, das Magerwerden, verbieten.*«

Ihre komplexe Einstellung zum Frau-Werden unterscheidet Fanny sicher nicht von anderen Mädchen im Teenageralter, aber vielleicht macht sie sich besonders bemerkbar zu einer Zeit, als diese Veränderung so sehr mit dem Übergang von der Ausbildung zur »Wartezeit« – der Zeit vor der Ehe – verknüpft wird. Juliane Jacobi-Dittrich hat in ihrer Anthologie *German women in the Nineteenth Century* neun deutsche Schriftstellerinnen untersucht und verglichen, und sie hat in deren Jugend ähnliche Tendenzen gefunden.

Sie waren sich selbst und dem veränderten Körper gegenüber fremd, konnten sich intellektuell nicht weiterentwickeln, sie hatten Visionen, die nicht mit den Erwartungen ihrer Familie und Umgebung übereinstimmten. Alle haben diese Zeit als schmerzhaft in Erinnerung.

Bei Fanny drückt sich diese Unsicherheit nicht nur in der Einstellung zu ihrem Körper aus, sondern auch in dem, was bis dahin ihre Stärke war: der Musik. Wie bereits erwähnt, kam sie ohne Ermunterung in ihren Kompositionen nicht weiter, und sie hatte auch begonnen, an ihren Fähigkeiten zu zweifeln.

In Frankfurt besucht die Familie eine Matinee des Komponisten, Pianisten und Lehrers Aloys Schmitt, bei der Schüler und befreundete Musiker auftreten. An diesem Tag ist der Salon voller Zuhörer und Musiker. Felix spielt natürlich auch, und dann wird Fanny gebeten, etwas vorzutragen.

Sie ist normalerweise nicht nervös, aber in dieser Gesellschaft verlässt sie ihr Selbstvertrauen. »Heiß mich nicht reden, heiß mich schweigen!«, zitiert sie frustriert Goethe, als sie sich daran erinnert: *»Die Begleitung sehr schlecht, ich zitternd an jeder Fiber, warf so komplett um, dass ich vor Ärger mich und die andern hätte prügeln mögen. Mich vor zwanzig Klavierspielern so zu blamieren!«*

Einer der Mitwirkenden zeichnet jedoch ein anderes Bild von dieser Veranstaltung. Ferdinand Hiller, auch ein begabter junger Musiker, der später ein guter Freund und Kollege von Felix wird, erwähnt die Vorführung in seinen Erinnerungen an Felix Mendelssohn: *»Viel mehr als Felixens Vortrag eines seiner Quartette (ich glaube es war das in c-Moll) imponiert mir die Leistung seiner Schwester Fanny, welche das bekannte Rondo brillant in A-Dur von Hummel mit wahrer Virtuosität spielte.«*

Hiller war zu diesem Zeitpunkt zwar noch sehr jung, aber keineswegs unverständig. Später sollte er ein berühmtes Bach-Konzert für drei Klaviere zusammen mit Franz Liszt und Felix Mendelssohn spielen.

Was Hiller als meisterhaftes Spiel in Erinnerung hatte, erlebte Fanny also als Versagen, außerdem spricht er von einem virtuosen Werk für Klavier und sie von Begleitung. Es ist nicht das einzige Mal, dass sie sich neben männlichen Virtuosen unsicher fühlt, später gibt sie ihrem Gefühl der Minderwertigkeiten gegenüber dem Bruder Ausdruck. Etwa zehn Jahre später schreibt sie ihm: *»Ich habe ohnedies eine* *so unvernünftige Furcht vor Dir (und außerdem vor keinem Menschen weiter, außer ein bisschen vor Vater) dass ich ja eigentlich nie in deiner Gegenwart ordentlich spiele, und zum Beispiel accompagnieren, was ich wirklich gut machen kann, das weiß ich selber, würde ich nie versuchen, wenn du da bist.«*

Mag sein, dass es mit ihrem Selbstvertrauen nicht zum Besten steht, an musikalischer Schärfe mangelt es ihr nicht. Sie und Felix sind als Kinder hart gedrillt worden, sie erwarten immer nur das Beste von sich und anderen. Schon in jungen Jahren wissen sie, was sie mögen und was nicht, sie gesellen sich zu einer konservativen Schule und halten nichts von modischem Kram. Wie sonst könnten sie den hoffnungslos unmodernen Bach verehren und den populären Rossini verachten?

Folglich kritisiert sie nicht nur ihren eigenen Auftritt, sondern auch die anderen Musiker. Sie sind nicht gut genug, um *»dem armen Felix sein Quartett«* zu begleiten, ein Pariser Geiger, von dem alle sprachen, erfährt ein hartes Urteil: *»Aufrichtig gesagt, er gefiel mir nicht im geringsten. Alles weich, verschwommen und verwischt, keinen Strich, keinen Ton, keine Kraft.«*

Auf der Heimreise besucht die Familie Weimar, und Goethe kann seinen geliebten Felix wiedersehen, der erneut der Mittelpunkt der Gesellschaft ist. Lea informiert, die graue Eminenz sei auch freundlich zu Fanny gewesen, die ihm jede Menge Bach vorspielen durfte und auch ihre Goethe-Vertonungen zum Wohlgefallen des Schriftstellers vorführte.

Als Goethe später an Felix schreibt und ihm für die Widmung des Klavierquartetts in b-Moll dankt, schickt er auch Grüße an *»die gleichbegabte Schwester«*.

VII. Der doppelte Kontrapunkt

»Das Treffen zweier Persönlichkeiten ist wie der Kontakt zweier chemischer Substanzen: Wenn es eine Reaktion gibt, werden beide transformiert.«
C. G. Jung

Fanny und Wilhelm kommen aus völlig unterschiedlichen Welten. Sie ist als Jüdin geboren, er ist Protestant. Sie ist in einer wohlhabenden, intellektuellen Familie aufgewachsen, sein Vater war ein armer Pfarrer, der vom Sohn erwartete, in den Bergbau zu gehen. Sie kommt aus einer politisch liberalen Familie, er ist konservativ und Royalist. Sie hat die beste Ausbildung von den angesehensten Musiklehrern erhalten, er ist Autodidakt auf dem Gebiet der Malerei.

Als sie sich kennenlernen, ist seine Zukunft als Künstler noch sehr unsicher. Lea steht der Beziehung zu Beginn ausgesprochen ablehnend gegenüber, und Felix und Rebecka finden, er sei ein Langweiler und passe nicht zu ihrem intellektuellen Kreis. Außerdem wollen Wilhelms Freunde ihn überreden, Katholik zu werden, was seine Zukunftsaussichten mit Fanny definitiv zerstören würde. Kurz gesagt – es spricht sehr viel gegen die Liebe zwischen Fanny Mendelssohn und Wilhelm Hensel.

Wilhelm selbst hat berichtet, er habe schon zu zeichnen begonnen, bevor er sprechen konnte. Aber da sein Vater, der arme Kleinstadtpfarrer, für seinen Sohn beschlossen hat, Bergbauingenieur zu werden, muss Wilhelm die Kunst auf eigene Faust und neben seiner Berufsausbildung entdecken und entwickeln. Als Kind mischt er sich Farben, indem er Beeren, Blüten und Früchte auspresst. Pinsel bastelt er aus Kalbshaaren.

Als der Vater stirbt, gestattet die Mutter Wilhelm ein Kunststudium an der Akademie der Künste in Berlin. Aber der Tod des Vaters bedeutet auch, dass er sich um die Versorgung seiner Mutter und Schwestern kümmern muss. Neben dem Studium illustriert er Kalender und Almanache, er arbeitet bis spät in die Nacht beim Schein von schwachen Talgkerzen.

Schon als Sechzehnjähriger kann er seine Kunst ausstellen, er beeindruckt die Besucher mit einem Gemälde des Erzengels Michael, der Lucifer mit einem flammenden Schwert besiegt. Aber kaum hat er begonnen, sich einen Namen zu machen, da wird die Karriere von den Freiheitskriegen 1813 unterbrochen. Auf der einen Seite Napoleon, auf der anderen eine Koalition aus Ländern, die dafür kämpfen, die deutschen Staaten von den französischen Besatzern zu befreien.

Friedrich Wilhelm III. beruft seine Untertanen ein, und Wilhelm meldet sich freiwillig zur Kavallerie. Drei Jahre lang dient er als Soldat und nimmt unter anderem an der Schlacht um Leipzig teil. Er wird drei Mal verwundet, verlässt die Armee als Leutnant und mit dem Eisernen Kreuz, einer Auszeichnung für Tapferkeit.

Held hin oder her, nach Kriegsende wartet eine unsichere Zukunft als Künstler. Die preußischen Staatskassen sind leer, und für die Unterstützung von bedrängten Künstlern hat man kein Geld. In den kommenden Jahren verdient Wilhelm seinen Unterhalt mit Kalendern und Stichen. Illustrationen von ihm findet man in den Märchenbüchern des bekannten Schriftstellers und Märchensammlers Clemens Brentano. Seine eigentlichen künstlerischen Ambitionen müssen warten.

Dann bekommt er einen willkommenen Auftrag vom preußischen Hof. Die Erben des russischen Throns, Herzog Nikolai, später Nikolai I., und seine Frau Alexandra Feodorovna, Tochter von Wilhelm III. von Preußen, besuchen Berlin, und ihnen zu Ehren veranstaltet der König hochklassige Unterhaltung in Form des orientalischen Romans *Lalla Rookh* des Irländers Thomas Moore.

Zu Beginn des Jahres 1821 werden zwölf »tableaux vivants«, also lebende Bilder präsentiert, Schauspieler gestalten in einer Art Pantomime ein Kunstwerk. Die Schauspieler wurden mit Perlen und Juwelen und kostbaren Textilien und Waffen ausstaffiert. Das Ganze war ein großer Erfolg, und der König bittet den jungen Künstler, der die Inszenierung verantwortet, das Ganze in einer Serie von Porträtzeichnungen zu verewigen. Bevor die fertigen Kunstwerke an den russischen Hof transportiert werden, zeigt man sie ein paar Tage im Atelier des Künstlers.

Wilhelm ist selbst anwesend und beantwortet die Fragen der Besucher, als ein vornehmes Paar mit ihrer ältesten Tochter ankommt. Das Mädchen ist nicht sehr groß, ein wenig rundlich, sie trägt ein helles, fußlanges Satinkleid, das den Nacken frei lässt. Dunkle Locken und dicke Augenbrauen rahmen das Gesicht und den abwartenden, intelligenten Blick. Sie steht ein wenig hinter ihren Eltern, aber als sie eines der Bilder kommentiert, wird klar, dass sie weiß, wovon sie redet. Wilhelm kann seinen Blick nicht von ihr lösen. Das fünfzehnjährige Mädchen ihrerseits betrachtet neugierig den elf Jahre älteren Künstler.

»*Eine Verquickung von Derbheit und Schönheit, von Gamasche und Toga, von preußischem Militarismus und klassischen Idealismus. Die Seele griechisch, der Geist altenfritzig. [...] Bei Hensel blieb alles in Balance, keines dieser heterogenen Elemente drückte oder beherrschte das andere.*« Diese etwas idealisierte Beschreibung Wilhelm Hensels stammt von Theodor Fontane.

Zum Bild von Wilhelm gehört aber auch seine starke und loyale Liebe zu Fanny. Er kann zwar keinen Ton erkennen und hat keine Ahnung von Musik, aber er ergänzt sie mit seiner Kunst und seinen Gedichten. »Der doppelte Kontrapunkt«, so wird Fanny ihre Verbindung nennen. Er ist außerdem ein Mann, der seine Mitmenschen gleichbehandelt, ohne Ansehen der Herkunft. Ein Mann mit einem guten Herzen.

Wilhelm besucht die Familie Mendelssohn unter dem Vorwand, sie zu porträtieren, und kann so versuchen, in ihren geschlossenen Kreis zu kommen. Er ist dafür bekannt, die Porträtierten bis zur Unkenntlichkeit zu idealisieren und gibt ihnen oft große ausdrucksvolle Puppenaugen. Das gilt nicht zuletzt für Fanny, er zeichnet sie in einem langen Kleid mit einem Blumenkranz im Haar, einem Notenblatt in der Hand und drei Engeln im Hintergrund, als sei sie die Musikheilige Cecilia. Einige Porträts später wird Fanny seufzen: »*Die Leute müssen glauben, ich sei mit so einem Möbel geboren.*«

Die Eheanbahnung zu jener Zeit ist eine Mischung aus Liebe und Arrangement. Die heiratsfähigen jungen Leute dürfen bis zu einem gewissen Grad den Mann oder die Frau selbst aussuchen, aber diese müssen dann noch von den Eltern akzeptiert werden. Beunruhigend an Wilhelm ist seine Neigung zum Katholizismus, allerdings ist er noch nicht konvertiert.

Wie viele andere deutsche Romantiker lockt ihn am Katholizismus der Mystizismus und die Spiritualität. Verglichen mit dem trockenen Protestantismus, ist er eine deutliche Gegenreaktion auf die Ideale der Aufklärung und die »Kultur der Vernunft«. Wilhelms Schwester Luise ist bereits übergetreten.

In einem Brief an sie schreibt er über seine Liebe zu Fanny und seine Verwirrung: »*Das Mädchen würdest du gewiss gern, wenn du sie kenntest, als Schwester anerkennen, so wie sie Dich längst aus meinen anderen Schilderungen geliebt. Nicht so billigen würdest Du den Kreis, der sie umgibt, und die Ansichten, welche in demselben herrschen. Sie ist die Tochter kaum erst Christen gewordener Eltern, und wenn auch selbst schon als Kind getauft, doch sehr in protestantischem Sinne erzogen, hatte viel gegen die Kirche reden hören und so natürlich die herkömmlichen Vorurteile gegen dieselben teilen müssen.*«

Der verliebte Wilhelm kann seine Gefühle nur schwer verbergen, und 1822 schenkt er Fanny zu Weihnachten ein Buch mit Liebesgedichten, geschrieben von seinem Freund Wilhelm Müller und signiert mit einem Selbstporträt des Künstlers. Am Weihnachtstag bekommt er das Geschenk mit warnenden Worten von Lea zurück: »*Ich wollte die Freude des gestrigen Abends nicht durch die Bemerkung stören, dass ich es nicht passend fände, wenn ein junger Mann einem jungen Mädchen sein Bildnis schenkt, es sei in welcher Einkleidung es wolle. Verzeihen Sie, der zarte, ehrfurchtsvolle Ritter der Damen, diese vielleicht allzu matronenhafte Mütterlichkeit. Ich sende Ihnen die Gedichte Ihres Freundes zurück, damit Fanny sie, jenes Schmuckes beraubt, gern und frei von Ihnen wieder empfangen möge.*«

Wilhelm wird ihrem Wunsch entsprochen haben und hat

das Buch ohne das beanstandete Porträt zurückgeschickt, denn Fanny wird später Musik zu acht Gedichten schreiben.

Vermutlich zu Beginn des Jahres 1823, zwei Jahre nachdem sie sich kennengelernt haben, macht ein sehr nervöser Wilhelm einen Besuch bei Abraham und Lea, weil er um die Hand ihrer Tochter bitten möchte. Werden sie ihn umstandslos abweisen? Oder werden sie versuchen, ihn zu überreden, seine religiöse Überzeugung zu ändern? Nun, das wird ihnen nicht gelingen. Er ist bereit, mit aller Kraft für den Herrgott und für Fanny zu kämpfen.

Aber das Gespräch nimmt eine unerwartete Wendung. Die Eltern fragen nämlich gar nicht nach seiner religiösen Überzeugung, und Wilhelm ist erleichtert, nichts erzählen zu müssen. Er geht davon aus, dass sie seinen Standpunkt kennen und, indem sie nicht fragen, stillschweigend ihre Zustimmung geben. Sie bitten ihn nur, die Verlobung vorläufig noch geheim zu halten, denn die bejahrte und orthodoxe Großmutter Bella Salomon weiß nicht, dass die Tochter und deren Familie sich vom jüdischen Glauben und der jüdischen Kultur abgewandt haben.

Einige Monate vergehen in ruhiger und wachsender Zuneigung. Aber spät eines Abends, als Wilhelm bei Fanny und ihren Eltern zu Besuch ist, erkundigt Lea sich nach den religiösen Ansichten des künftigen Schwiegersohns – ob es wahr sei, was sie gerüchteweise gehört habe, dass er plane, zum katholischen Glauben überzutreten? Wilhelm antwortet, das wisse sie wohl schon lange, das habe er doch Fanny erzählt, bevor er ihr seine Liebe gestanden haben.

Es stellt sich heraus, dass Fanny, um Ärger zu vermeiden und aus Angst, Wilhelm zu verlieren, ihren Eltern diese Kleinigkeit verschwiegen hat. Leas Ärger wendet sich nun gegen die Tochter. Wenn sie das gewusst hätte, dann würde sie der Verlobung selbstverständlich nicht zugestimmt haben, denn von einem katholischen Schwiegersohn könne gar keine Rede sein – der katholische Glaube führe nur zu Fanatismus und Heuchelei.

Ein weiterer Grund für Leas Wut war vermutlich, dass Abrahams und Leas Konversion nur wenige Monate zurücklag. Wilhelms Pläne könnten nicht nur seine Karrierechancen am protestantischen Hof zunichtemachen, sondern auch den Ruf und die Stellung der Familie Mendelssohn gefährden. Eine weitere Konversion ihrer Tochter sähe lächerlich aus.

Wilhelm ist sehr erschrocken, schickt dann ein stilles Gebet an seinen katholischen Gott und fragt Lea geradeheraus: Sollte er konvertieren, würde sie dann ihre Zustimmung zurückziehen? In diesem Falle solle sie das lieber gleich tun.

Fanny bricht in Tränen aus und läuft aus dem Zimmer. Abraham steht zwar auf Seiten seiner Frau, aber er geht dann doch dazwischen und kann den Zwist beruhigen. Schließlich bekommt Lea ein schlechtes Gewissen und sagt, sie wolle trotz allem kein Tyrann sein. Wenn die Tochter ihre Meinung nicht ändert, will sie das Paar nicht auseinanderzwingen.

Falls Wilhelm konvertieren sollte, würde sie jedoch alles in ihrer Macht Stehende tun, um Fanny umzustimmen. Sie erwägt, auf unbestimmte Zeit zu verbieten, dass Fanny und Wilhelm sich unbeaufsichtigt treffen, sofern er seine Pläne nicht aufgibt. Am Tag nach dem Streit hat die erregte Lea acht Stunden lang Nasenbluten. Dessen ungeachtet setzt sie ihre Drohung durch und hindert Fanny und Wilhelm daran, ungestört miteinander zu sprechen.

Wann dieses Ereignis sich abspielt, ist nicht ganz klar, aber der Musikhistoriker R. Larry Todd vermutet, dass man die Antwort in einem Musikstück finden kann, das am 16. Mai 1823 komponiert wurde. Diese erregte Klavieretüde in g-Moll war laut eigner Beschriftung eine *Antwort auf den 14. Mai*. Sie hat die Bezeichnung *Allegro agitato* (schnell und erregt) und ist, laut Todd, ausgesprochen ungebändigt, mit »geschraubten Sechzehntelnoten, unterbrochen durch unbequeme Oktavsprünge zwischen den schwarzen Tasten«.

Das Klavierstück ist nicht Fannys einziger Protest. Als es den Liebenden schließlich gelingt, ein paar Minuten allein zu sein, sagt Wilhelm, er ertrage diese Vorschrift nicht, und sie einigen sich darauf, um die Erlaubnis für ein Gespräch zu bitten. Als Lea dies verweigert, ist Fanny mit ihrer Geduld am Ende und sie ruft heftig aus: »*Mutter, ich werde ihn sprechen!*«

»*Diese Worte sind der Fels, auf den ich das Haus meiner Zukunft baue*«, schreibt ein beeindruckter Wilhelm später an seine Schwester und verweist auf Jesu Worte an Petrus, der ja eine wichtige Gründergestalt für die katholische Kirche ist.

Erregt verlässt Lea das Zimmer, und Fanny und Wilhelm haben ein wenig Zeit miteinander. Kann er mit ihr rechnen, ganz gleich, was geschieht? Das kann er. Sie gelobt ihm ihre Treue und verspricht ihm, sich auch über seine Kirche zu informieren.

Ein paar Monate später reist Wilhelm nach Rom. Nachdem seine Arbeit mit der Inszenierung und dem Kunstwerk *Lalla Rookh* zur Zufriedenheit ausgefallen ist, hat er ein Stipendium des preußischen Hofs bekommen, verbunden mit dem Auftrag, eine Kopie in Originalgröße von Rafaels letztem Meisterwerk *Verklärung Christi* anzufertigen, die dann in die Akademie der Künste gebracht werden soll. Im Jahr 1797 hatte Napoleon das Kunstwerk nach Paris transportieren lassen, aber nach dem verlorenen Krieg wurde es nach Rom zurückgeschickt und hängt jetzt in der Pinakothek des neu installierten Papstes Leo XII. Außerdem bestellt der König ein Original, das als Altarbild dienen soll, das Motiv soll *Christus und die Samariterin* sein.

Nun hat Wilhelm noch ein Ziel mit seiner Reise: Er wird Lea zeigen, dass er ihrer Tochter würdig ist. Aber das Ehepaar Mendelssohn hat da keine großen Erwartungen – eine Redewendung besagt, alle, die nach Rom reisen, kehren als Katholiken zurück.

Kurz vor seiner Abreise wendet Fanny sich verzweifelt an ihre Freundin Therese Schlesinger, deren Verlobter und Wilhelms Reisekamerad, Eduard Devrient, möge ihr helfen:

»Ich weiß, wie sehr Hensel Eduard liebt und ehrt, und darum bitte ich dich dringend, fordere ihn auf, seinen ganzen Einfluss zu verwenden, um den Freund von Katholizismus fernzuhalten, denn das würde ein Grund sein, ich gestehe es dir frei, der uns auf immer voneinander trennte.«

Außer dieser Bitte und Wilhelms Briefen gibt es kaum Anhaltspunkte darüber, was Fanny fühlte und wie sie mit der Situation umging. Aber man kann Antworten in der Musik finden. Das Jahr 1823, ihr achtzehntes, ist ihr produktivstes, sie schreibt dreiundzwanzig Lieder. Viele Texte handeln von Trennung und der Sehnsucht nach einem geliebten Menschen, unter anderem Goethes *An die Entfernte*:

So hab ich wirklich dich verloren?
Bist du, o Schöne, mir entfloh'n?

VIII. Leipziger Straße 3

»Ach, was ist das unerträglich, flüsterte die kleine
munter Märtha ihrer Schwester Maria zu, ich würde
ganz bestimmt heute Abend heiraten wollen, wenn ich
nur morgen schon Witwe sein könnte!«
Frederika Bremer, *Hertha*

Die Zuhörer drängen sich entlang der Wände. Schräg vor
der kleinen Gruppe Musiker sitzt Fanny auf dem Klavierhocker. Ihre Hände ruhen im Schoß, sie hat sich vom Instrument abgewendet und schaut ins Zimmer, wo der junge
Mann unverdrossen mit seinem Taktstock wedelt. Er hört
sehr konzentriert zu. Beobachtet. Es scheint ihn überhaupt
nicht zu genieren oder eigenartig vorzukommen, dass eine
Gruppe erwachsener Musiker ihm auf den kleinsten Wink
hin folgt.

Felix ist im letzten Jahr größer und kräftiger geworden. Er
hat die langen Locken abgeschnitten, die kindlichen Züge
sind schärfer, ausdrucksvoller. Er trägt keine Kinderkleider
mehr, sondern einen langen, geknöpften Mantel über einer
Weste. »*Er war anders, aber nicht weniger schön als früher*«,
schreibt Fanny in ihr Tagebuch. Sie selbst hat vor kurzem
Wilhelm Hensel kennengelernt.

Felix hat sich nicht nur physisch entwickelt. Er hat die
ersten Schritte von einem vielversprechenden Knaben zu einem professionellen Musiker gemacht. Er ist dreizehn Jahre
alt, und seine Musik ist anspruchsvoller als sowohl die von
Mozart und Beethoven im gleichen Alter. Seit sein Vater

Konzerte in seinem Haus veranstaltet, zu denen er die besten Musiker und Sänger Berlins einlädt, hat Felix eine neue Arena, in der er sich entwickeln kann. Jetzt kann er seine neu geschriebenen Werke hören, wenn sie gespielt werden, er lernt viel über Instrumentierung und wie man ein kleines Orchester dirigiert.

Die Gerüchte über diese Veranstaltungen verbreiten sich schnell. Bald möchte jeder Musiker, der Berlin besucht, eine Einladung bekommen. Weil der Salon in der Neuen Promenade nur Platz für wenige Gäste hat, werden die Konzerte im kleinen Format gehalten. Später werden diese Salonkonzerte Fannys Musikuniversum, das sie immer mehr ausweitet.

Ob auch ihre Werke bei diesen frühen Sonntagskonzerten gespielt werden, ist nicht sicher, sie wirkt auf jeden Fall als Solistin mit. Die Journalistin und Librettistin Helmina von Chézy besucht im Jahr 1822 Berlin und hört Fanny einige von Webers Klavierstücken spielen. Sie vergleicht Fannys Vortrag mit dem des Komponisten und schreibt, dass ihr Spiel ausströme *»wie Düfte der Waldung, wie Morgenhymnen der Vögel des Waldes beim Rauschen der Wipfel«.*

Fanny und Felix gewöhnen sich daran, vor Publikum aufzutreten, von versierten Musikern beurteilt zu werden und selbst andere zu bewerten. Fanny entwickelt einen scharfen Blick, ähnlich einer Musikkritikerin. Dass sie beide sowohl in die Planung, die Proben und dann in die Aufführung einbezogen sind, ist eine wichtige Schule, sowohl für sie als auch für Felix.

Fanny schreibt beispielsweise 1823 über den Komponisten und Pianisten Friedrich Kalkbrenner: *»Er hat viel von Felixens Sachen gehört, mit Geschmack gelobt und mit Freimütig-*

keit und Liebenswürdigkeit getadelt. Wir hören ihn oft und suchen von ihm zu lernen. Er vereinigt die verschiedenartigsten Vorzüge in seinem Spiel, Präzision, Klarheit und Ausdruck, die größte Fertigkeit, die unermüdlichste Kraft und Ausdauer.«

Der Klarinettist Ivan Mueller erfährt nicht die gleiche Hochachtung: »Sein Spiel gefällt mir übrigens nicht. Sein Ton ist zwar sehr schön, aber sein Vortrag so geschmacklos, daß man sich sehr davon verstimmt fühlt. Mitten in seinen albernen Trillerchen, Läufchen u. Cadenzen hält er dann einmal einen Ton mit so abwechselnder Stärke u. so lange aus, daß einem der Athem vergeht, da soll man sich denn geschwind hineinfühlen, um augenblicklich wieder ins Laufwerk zurück zu fallen. So rasch fühle ich nicht, u. daher fühle ich, wenn er spielt, gar nichts als Kopfweh, welches mir dies durchdringende Blasinstrument im Zimmer unfehlbar erregt.«

Sogar der hochgelobte Chopin und der virtuose Liszt bekommen ihre Giftfeder zu spüren. Ihren Bruder jedoch betrachtet Fanny mit ungetrübtem Stolz, sie sieht sich immer noch als seine Mentorin und Lehrerin. Als Sechzehnjährige schreibt sie in ihr Tagebuch: »Bis zu dem jetzigen Zeitpunkt besitze ich sein uneingeschränktes Vertrauen. Ich habe sein Talent sich Schritt vor Schritt entwickeln sehen und selbst gewissermaßen zu seiner Ausbildung beigetragen. Er hat keinen musikalischen Ratgeber als mich, auch sendet er nie einen Gedanken aufs Papier, ohne ihn mir vorher zur Prüfung vorgelegt zu haben.«

Als ob sie dies unterstreichen wollte, beginnt sie, ein Verzeichnis über alle Musik, die er schreibt, zu führen. Ein Klavierkonzert in a-Moll, ein Quartett für Klavier, Violine, Viola und Kontrabass, zwei Sinfonien, drei Fugen für Klavier, ein Violinkonzert, einen Akt für ein Singspiel und mehrere Lieder.

Hätte Felix eine ähnliche Zusammenstellung über Fannys Musik gemacht, dann hätten wir lesen können, dass sie im gleichen Jahr mindestens zehn Lieder, eine Klaviersonate in F-Dur, den ersten Satz einer Klaviersonate in E-Dur und bald auch ihre erste Kammermusik komponiert hat: ein Quartett in A-Dur für Klavier, Violine, Viola und Cello.

Der Mendelssohn-Forscher R. Larry Todd vermutet, dieses Werk ist womöglich entstanden, weil ihr Bruder zuvor ein Klavierquartett in d-Moll geschrieben und in Weimar aufgeführt hatte. Fannys Komposition wäre somit eine Antwort auf seine, und sie würde zeigen, dass sie von sich aus und ohne Aufforderung diese größeren Formen erforschte und zudem versuchte, den Wettbewerb mit dem Bruder fortzusetzen. Diese beiden Werke wurden allerdings erst in den 1990er Jahren veröffentlicht.

Ein Klavierquartett in C-Dur wird das erste Werk, das 1822 von Felix publiziert wird, und er schreibt kurz hintereinander einige weitere. Für Fanny läuft es langsamer, sie muss, im Gegensatz zu ihrem Bruder, ganz allein mit ihren Kompositionen kämpfen. In einem Brief an Zelter gibt sie zu, dass die Arbeit langsam vorangeht und das Stück wohl nicht ohne seine Hilfe fertig werden wird. Ob sie die Unterstützung bekommt, ist nicht klar. Vielleicht ist ihr Lehrer zu sehr mit seinem jungen Protegé beschäftigt.

Todd schreibt, Felix habe eine so herausragende Rolle in der Musikgeschichte des 19. Jahrhunderts gespielt, weshalb die meisten Musikwissenschaftler in ihm den dominanten Einfluss auf Fanny gesehen haben. So sehr, dass sie bis weit ins 20. Jahrhundert nur als Nebenfigur in seinem Kreis angesehen wurde, eine Gestalt, die nie aus dem Schatten ihres Bruders trat. Todd meint, gewiss habe sie sich an den Bruder angelehnt, aber bei näherem Hinsehen könne man doch erkennen, wie die musikalischen Ideen zwischen ihnen hin- und herflossen und wie sie einander spiegelten.

Das Lied, um das es geht, ist *Der Eichwald brauset*, eine Komposition zu einem Text von Friedrich Schiller, das auch von Felix vertont wurde. Todd glaubt, die Ähnlichkeiten zwischen den beiden Liedern seien zu groß, um Zufall zu sein. Beide sind in Moll, gehen am Ende in Dur über, haben die gleiche Taktart, 6/8. Am deutlichsten, findet Todd, merkt man es an der fast identischen Intonation der einleitenden Liedphrase, was darauf hindeutet, dass eines die Antwort auf das andere ist. Da die Komposition von Felix nicht datiert ist, wissen wir nicht, wer wen inspiriert hat. Auch die Pianistin und Dirigentin Sarah Rothenberg stellt die entscheidende Frage: »Ist es denn überhaupt richtig, Felix als ›Beeinflusser‹ zu bezeichnen, wenn das, was wir als ›Mendelssohn'sch‹ bezeichnen, genauso gut von Fanny stammen könnte?« Angela Mace Christian, die Fannys *Ostersonate* entdeckt hat, folgt der gleichen gedanklichen Spur. Sie meint, die Geschwister hätten einander so sehr beeinflusst, dass beide die Musik, die sie komponiert haben, nicht ohne den anderen hätten schreiben können.

Am 3. Februar 1824 wird Felix fünfzehn Jahre alt. Das ist zufällig auch der erste Probentag für sein Singspiel *Die beiden Neffen*. Bei dem folgenden Abendessen steht einer der Amateur-Sänger auf und bringt ein Prosit auf Felix' Gesundheit aus. Zelter nimmt seinen Schüler an der Hand, führt ihn nach vorne und stellt ihn vor die versammelte Gesellschaft.

Dann erhebt der Lehrer sein Glas und verkündet: »*Mein lieber Sohn, von heute an bist du kein Junge mehr, von heute an bist du Gesell. Ich mache dich zum Gesellen im Namen Mozarts, im Namen Haydns und im Namen des alten Bach.*« Er umarmt Felix und küsst ihn auf die Wangen. Das Fest geht weiter, man prostet sich zu und singt Trinklieder.

Wie fühlt Fanny sich bei dieser Gelegenheit? Felix' Eintritt in die Reihe großer Männer, in den Musikkanon, kann nicht spurlos an ihr vorübergegangen sein. Ihre Bemühungen und ihr Wille, sich zu entwickeln, sind ebenso groß wie bei ihm. Im gleichen Jahr erwähnt Zelter nebenbei in einem Brief an Goethe, dass Fanny ihre zweiunddreißigste Fuge beendet hat.

Im März 1824 geschieht etwas von großer Bedeutung für das Leben von Fanny und Felix. Ihre Großmutter Bella Salomon stirbt – die alte Dame, die Fanny überzeugen konnte, den Kontakt mit ihrem Sohn Jakob wieder aufzunehmen, und vor der auch die Familie Mendelssohn ihre Konversion verheimlicht hat. Hat sie vielleicht doch von diesem Geheimnis erfahren? Nach ihrem Tod macht Lea nämlich eine unangenehme Entdeckung: Ihre Mutter hat ihr nichts vererbt, und um weiter in der Neuen Promenade wohnen zu können, muss die Familie entweder das Haus kaufen oder es vom neuen Besitzer, Leas Bruder, mieten. Die Familie entscheidet sich, ein neues Zuhause zu suchen.

Zu jener Zeit herrscht in Preußen ein antiliberales und antijüdisches Klima. Auch wenn die in vielerlei Hinsicht privilegierte Familie Mendelssohn vom wachsenden Judenhass noch relativ verschont ist, wollen sie einen Ort finden, wo sie vor der Umwelt geschützt leben können. Diesen Zufluchtsort finden sie in der Leipziger Straße 3, ganz in der Nähe vom späteren Potsdamer Platz. Das Haus war zu seinen Glanzzeiten ein stattliches Barockgebäude, nun jedoch wegen Vernachlässigung dem Verfall preisgegeben. Mit den drei Stockwerken und dem Mansardendach ist es immer noch imponierend, die Zimmer sind groß und geräumig.

Die Fenster gehen auf der einen Seite zur belebten Straße. Von der anderen Seite sieht man in den großen Garten, der wiederum von anderen Gärten umgeben ist. Obwohl man direkt an einer der belebtesten Straßen Berlins ist, hört man im Haus keine knarrenden Wagenräder, und die Luft ist frei vom Staub der Straße. Mitten im Garten steht das hübsche Gartenhaus, überragt von uralten Bäumen. Das Haus besteht aus sechzehn Zimmern und drei Küchen, in der Mitte ist ein großer Saal, das wird der neue Spielort für die Sonntagskonzerte der Familie Mendelssohn, die von nun an regelmäßig stattfinden. Die Decke ist acht Meter hoch, die Kuppel ist mit Fresken ausgemalt. Während der wärmeren Monate kann man die großen beweglichen Fenster herausnehmen, sodass der Saal sich zum Park hin öffnet und ein Gartenraum für mehr als hundert Gäste entsteht. Der Dichter Paul Heyse vergleicht bei einem Besuch den Saal mit einem Tempel, das Publikum ist die Gemeinde, die jeden Ton aufnimmt, als würde es einer göttlichen Offenbarung teilhaftig.

Die Leipziger Straße 3 und die Gärten werden genau die isolierte Oase, von der die Familie geträumt hat: »*eine lebendige Individualität, ein Mitglied, teilnehmend am Glück der Familie*«, wie Sebastian Hensel später schreibt.

Inspiriert vom Garten, komponiert Felix sein Oktett in

Es-Dur, op. 20, später oft als sein erstes Meisterwerk bezeichnet, und die erste Komposition, die er in seinem neuen Zuhause macht. Das Scherzo ist eine musikalische Version der Szenen in der Walpurgisnacht von Goethes *Faust*. Fanny hatte erzählt, dass sie jeden Ton kennt, den Felix komponiert, bevor er ihn zu Papier bringt. Über dieses Stück schreibt sie: »*Mir allein sagte er, was ihm vorschwebt. Das ganze Stück wird staccato und pianissimo vorgetragen, die einzelnen Tremulando-Schauer, die leicht aufblitzenden Pralltriller, alles ist neu, fremd und doch so ansprechend, so befreundet, man fühlt sich so nahe der Geisterwelt, so leicht in die Lüfte gehoben, ja man möchte selbst einen Besenstiel zur Hand nehmen, der luftigen Schar besser zu folgen.*«

In den Jahren in ihrem neuen Zuhause leben die jugendlichen Geschwister Mendelssohn ein sorgloses und traumhaftes Leben. Sie lesen sich Jean Paul vor, seine romantischen Bildungsromane entzücken die deutsche Jugend. Im Garten veranstalten sie Inszenierungen von Shakespeares Stücken, was den siebzehnjährigen Felix dazu inspiriert, die zauberhafte und nebelschleierleichte Ouvertüre zu *Ein Sommernachtstraum* zu komponieren, mit der musikalischen Imitation der trippelnden Feenfüße. Das Werk wird erst sechzehn Jahre später vollendet, aber in der Ouvertüre wird kein Ton geändert. Bei den Sonntagskonzerten tragen Fanny und Felix eine für Klavier arrangierte vierhändige Version vor. Ein Teil des Werkes wird zu einem der populärsten Hochzeitsmärsche.

Im Haus gehen Gäste ein und aus, die sich später an die Geschwister Mendelssohn und ihre Musikalität erinnern. Der Musiktheoretiker A. B. Marx schreibt in seinen Memoiren: »*Die älteste Tochter, Fanny, stand neben Felix und nahm* den engsten Anteil an seinen Kunststudien. Am Pianoforte war sie schwächer als er in Fertigkeit und Kraft, gewann ihm dagegen in Zartheit und sinnvoller Auffassung, besonders Beethoven's, nicht selten den Rang ab.« Schöne Worte, wenn man bedenkt, dass Marx auch ein großer Beethoven-Verehrer war.

Der Klaviervirtuose und Komponist Ignaz Moscheles widmet mehrere Seiten seines Tagebuchs besonders Felix, aber auch Fanny: »Das ist eine Familie, wie ich noch keine gekannt habe... Dieser Felix Mendelssohn ist schon ein reifer Künstler und dabei erst fünfzehn Jahre alt! Seine ältere Schwester Fanny, auch unendlich begabt, spielte Fugen und Passacaillen von Bach auswendig mit bewundernswerter Genauigkeit; ich glaube, sie ist mit Recht, ›ein guter Musiker‹ zu nennen.«

Ebenfalls im inneren Kreis der Mendelssohns bewegen sich der Dichter Ludwig Robert und seine Schwester Rahel Varnhagen, Gastgeberin eines bekannten Salons. Nach zwei unglücklichen Verlobungen hat Rahel den Diplomaten Karl August Varnhagen geheiratet, der sie sehr viel mehr zu lieben scheint als umgekehrt. Bei den Einladungen bei Mendelssohns nimmt er mit Verwunderung jedes ihrer Worte in sich auf und schreibt sie dann in ein kleines Buch, zum Verdruss der Schwester Rebecka, die kein Blatt vor den Mund nimmt: »Wenn wir so viel sprächen, und uns so wenig scheuten alles auszusprechen, würde auch manch gescheites Wort von uns zu berichten sein.«

Das ist typisch für die vier Geschwister Mendelssohn, sie sind untereinander immer loyal, lachen aber gerne über andere, besonders, wenn die sich etwas einbilden. Ludwig Robert und Rahel Varnhagen scheinen das nicht zu bemerken und drücken nur Bewunderung für ihre Gastgeber aus: »Dieses unvergleichliche Geschwisterpaar Felix und Fanny Mendels-

sohn am Klavier zu hören, allein oder zusammen, ist die wunderbarste Freude«, schreibt Ludwig an seine Schwester.

Die Familie Mendelssohn imponiert auch der schwedischen Schriftstellerin Malla Silfverstolpe, die den Winter 1825/1826 in Berlin verbringt, in Gesellschaft des Komponisten Adolf Fredrik Lindblad. Malla Silfverstolpe betreibt selbst einen berühmten Salon in Uppsala, der seine Glanzperiode in den 1820er Jahren hatte, als Erik Gustav Geijer zum Kreis gehörte.

Bei einem Sonntagskonzert im Dezember 1825 lobt sie Felix' Ouvertüre, sucht sich jedoch einen anderen Platz, um nicht neben dem Hofkomponisten Spontini sitzen zu müssen, weil der *»böse«* aussieht. Sie hört Fanny ein Beethoven-Konzert spielen und ein Stück von Bach – *»sehr schön«*. In ihren Memoiren gibt sie jedoch der zeitgemäßen Sicht auf Juden ihren Ausdruck: *»Wenn man nur Felix Mendelssohns Kopf sieht, wenn er steht und die Musik so lebendig und aufmerksam dirigiert, ist er wahrhaft schön und sieht aus, als gehörte er zu etwas weit Höherem als der übrigen Familie, aber die Gestalt ist jüdisch und ein wenig kommun, der Kopf sitzt zu tief zwischen den Schultern.«*

Ein anderer Gast, der große Bedeutung für Fannys Musik haben wird, ist der Dichter und Konvertit Heinrich Heine. Als Sechsjähriger hat er in Düsseldorf erleben müssen, wie seine Familie erst die Bürgerrechte bekam und ihr diese dann wieder entzogen wurden. Als Dreiundzwanzigjähriger proklamiert er, sein eigentliches Vaterland sei die deutsche Sprache, *»unser heiligstes Gut, ... ein Vaterland selbst demjenigen, dem Torheit und Arglist ein Vaterland verweigern«*. Blass und mager, mit einem träumerischen blauen Blick und welligen blonden Haaren, kommt er im Sommer 1821 nach Berlin, um an der neuen Universität Jura zu studieren und Hegels Vorlesungen zur Ästhetik zu hören.

Heine kommt vermutlich durch Rahel Varnhagens Salon in Kontakt mit der Familie Mendelssohn, und er scheint ihre Gesellschaft zu schätzen. Er nennt den jungen Felix ein musikalisches Wunder und hält ihn, genau wie Goethe, für einen zweiten Mozart. An den gemeinsamen Freund Droysen schreibt er: »*[D]er Stadträtin lasse ich mich ehrfurchtsvoll empfehlen, mit etwas weniger Ehrfurcht grüße ich Fräulein Fannys schöne Augen, die zu den schönsten gehören, die jemals gesehen.*«

Fanny schätzt seine Dichtung sehr, in ihrem Musikverzeichnis kommen Heines Texte sechsundzwanzig Mal vor. Sie schreibt: »*Wenn man ihn auch zehnmal verachten möchte, so zwingt er einen doch zum elftenmal zu bekennen, er sei ein Dichter, ein Dichter! Wie klingen ihm die Worte, wie spricht ihn die Natur an, wie sie es nur den Dichter tut!*«

Aber sie erkennt einen großen Unterschied zwischen dem Dichter und der Person Heine. Als er ihren Lieblingsschriftsteller Jean Paul abtut mit der Begründung, der habe ja nicht mal das Meer gesehen, antwortet sie bissig: »*Sicher, er hatte ja auch keinen Onkel Salomon, der ihm das Reisegeld spendiert hätte*«, womit sie darauf anspielt, dass Heine viele Jahre von den Zuwendungen seines Onkels gelebt hat. An den Freund Klingmann schreibt sie: »*Heine ist hier und gefällt mir gar nicht; er ziert sich [...] er spricht ewig von sich und sieht dabei die Menschen an, ob sie ihn ansehen.*«

Im Mai 1827 veröffentlicht Felix zwölf Lieder, Gesänge Op. 8. Drei – *Das Heimweh*, *Italien* und *Suleika und Hatem* – sind jedoch nicht von Felix komponiert, sondern von Fanny. Der Vorgang ist nicht ungewöhnlich. Man hat zum Beispiel später festgestellt, dass einige Gedichte in Goethes *West-Östlichem Divan* tatsächlich von seiner Muse Marianne von Willemer stammen. Und in der Familie Mendelssohn gibt es Fannys Tante Dorothea Schlegel, deren Übersetzungen und Essays nicht selten unter dem Namen ihres Manns, Friedrich Schlegel, publiziert wurden. Die Sopranistin Pauline von Schätzel ging anders vor und publizierte vier Werke anonym unter dem Namen P. F. Marxhausen.

Die Musikhistorikerin Marion Wilson Kimber stellt sich kritisch zur Interpretation einiger Biograf*innen, dass Felix Fannys Musik gegen ihren Willen veröffentlicht hat. Fanny war sicher keine stumme Handlangerin, sondern überaus beteiligt an den Vorgängen. Sie hatte eigene Vorstellungen bei der Auswahl der Lieder, in welcher Reihenfolge sie publiziert werden sollten, und fällte auch ein Urteil über Felix' Beiträge. Er seinerseits muss ihre Werke als den seinen ebenbürtig angesehen haben – er hätte sonst wohl kaum seinen Namen daruntergesetzt. Einmal hat er Fannys Lieder als Deutschlands beste bezeichnet.

Der Mendelssohn-Forscher R. Larry Todd meint, die Publikation könnte ein wohldurchdachter Kompromiss gewesen sein. Indem einige von Fannys Kompositionen unter dem Namen des Bruders publiziert wurden, konnte ihre Musik ein Publikum jenseits des familiären Freundeskreises erreichen, ohne ihrem Privatleben oder dem Ruf der Familie zu schaden.

Wie weit bekannt war, von wem die Lieder stammten, ist

nicht klar, es scheint jedoch kein Familiengeheimnis gewesen zu sein. In der Zeitschrift *Harmonium* schreibt der britische Musiker John Thomson, der auch ein Freund der Familie war, dass drei der besten Lieder von Fanny stammten: »*Sie ist alles andere als eine oberflächliche Komponistin, sie hat diese Wissenschaft sehr gründlich studiert und schreibt mit der Souveränität eines Meisters. Ihre Lieder zeichnen sich durch Zartheit, Wärme und Originalität aus. Ich habe wahrhaft köstliche wahrnehmen dürfen.*«

Er fügt dann noch den etwas eigenartigen Kommentar hinzu: »*Ich kann nicht umhin, den Namen von Frl. Mendelssohn im Zusammenhang mit diesen Liedern zu erwähnen, vor allem dann, wenn ich an die vielen Damen denke, die kein Stäubchen Genie besitzen und sich doch mit ihren musikalischen Hervorbringungen dem Publikum aufdrängen, und die ihr Näschen, unter dem Vorwand, dass man sie gedruckt hat, hochtragen, als wären sie anerkannte Komponistinnen.*«

Er bezog sich vermutlich auf sogenannte »Vanity Prints«, bei denen man selbst dafür bezahlen musste, dass Lieder oder Klavierstücke gedruckt wurden, nur so ist ein Großteil der Musik von weiblichen Komponisten überhaupt für die Nachwelt erhalten geblieben.

Aber für Fanny ist das Lob von Felix das Einzige, was zählt. Sie ist deshalb außer sich vor Freude, als sie in einem Brief, den er an den Bruder Paul geschrieben hat, lesen kann, was er von einigen ihrer Lieder hält. Sie liest die Zeile immer wieder, bis sie sie auswendig kann. Auch Felix kann sich, wenn er will, mit gefühlvoller Grandiosität ausdrücken. »*Solche Lieder werden nie wieder gemacht werden. Es ist gar zu arg! Den Schluss vom zweiten mit dem Vöglein in der Linden, spielte ich mir gestern Nacht ein paar Mal ganz ruhig vor, und machte dann in meinem Zimmer Tollheiten, und schlug auf den Tisch, mag auch wohl sehr geweint haben, dann spielte ich ihn aber eine Viertelstunde lang immerfort, und nun kenne ich ihn genau; sobald ich aber ans Klavier gehe, und ihn mir wieder vorführe, so fährt mir von neuem eine Art Schauer durch, weil ich noch nie so etwas gehört habe. Das ist die innere, innerste Seele von der Musik. Ich denke, es ist die schönste Musik, die jetzt ein Mensch auf der Erde machen kann. Wenigstens hat mich nie etwas so durch und durch belebt und ergriffen. [...] Wahrhaftig, es giebt wenig Leute, die werth sind, die Lieder zu kennen, Fanny soll sie nur wenigen vorsingen.«*

So kommt es jedoch nicht, weil Felix 1830 eine Liedersammlung herausgibt, in der weitere drei Werke von Fanny Platz finden. Man weiß nicht warum, aber es wiederholt sich danach nicht wieder. *»Felix ist über die Zeit des Schwankens hinaus, auf sicherem Weg zu Höchsten, was der Mensch erstreben kann, wohlverdienten Ruhm in der Kunst«*, schreibt Sebastian Hensel. Über Fanny berichtet ihr Sohn, sie sei *»ihm ebenbürtig an Talent und Begabung und doch nichts anderes begehrend, als bescheiden in den Schranken, die die Natur den Frauen gesetzt, zu verbleiben«.*

Knapp zehn Jahre später ist Felix in England. Zum zweiten Mal innerhalb eines Monats besucht er seine neuen Freunde Victoria und Albert im Buckingham Palace. Die Königin beschreibt ihn als *»klein, dunkel und jüdisch aussehend – zart – mit einer feinen, intellektuellen Stirn«*. Er hat ihnen bei einem vorherigen Besuch einige seiner *Lieder ohne Worte* vorgespielt, außerdem hat ihnen sehr imponiert, als er improvisierte und dabei mit der rechten Hand *Rule Britannia* und mit der linken die österreichische Nationalhymne spielte.

Jetzt ist er wieder zu Besuch, um die Kammerorgel von Prinz Albert auszuprobieren. Felix spielt ein Stück aus seinem Oratorium *Paulus*, alle drei stimmen in das Lied ein. Danach gesellen sich Prinz und Prinzessin von Gotha und die Herzogin von Kent zu ihnen, gemeinsam zieht man sich in den Salon der Königin zurück, wo diese, von Felix begleitet, ein Lied vortragen möchte. Zuvor durfte Felix noch den königlichen Papagei aus dem Zimmer tragen, damit er die singende Königin nicht mit seinem Kreischen übertönte.

Sie entscheidet sich für das Lied, das ihr am besten gefällt, und singt *Italien*. Felix lässt sie singen, muss danach jedoch zugeben, dass dieses Lied, das die Majestät so wunderbar vorgetragen hat, nicht von ihm, sondern von seiner Schwester komponiert wurde.

Fünf Jahre lang hatte Wilhelm, Fannys Verehrer, in Rom verbracht. Endlich ist es ihm gelungen, eine Kopie von Raffaels gigantischem Meisterwerk *Transfiguration* anzufertigen. Es ist viel größer als alles, womit er bisher gearbeitet hat: 13,4 mal 9,2 Meter. Bevor er überhaupt mit der Arbeit beginnen konnte, musste er das Original reinigen, unter dem Staub und Schmutz von Jahrhunderten kamen Details zum Vorschein, die noch nie jemand gesehen hatte. Parallel dazu hatte er an einem eigenen Werk gearbeitet, was ihn viel Zeit und Kraft gekostet hatte. Mindestens vierzig Vorskizzen musste er machen, ehe er auf der eigentlichen Leinwand beginnen konnte.

Die Arbeit ging langsam voran, und er kämpfte die ganze

Zeit mit Selbstkritik und Unsicherheit. Sein Selbstvertrauen wird nicht besser, als er den Auftrag bekommt, ein Porträt von Goethe zu malen; Goethe ist sehr unzufrieden; er erkennt sich nicht und findet die Arbeit oberflächlich und amateurhaft.

Auch Abraham und Lea Mendelssohn sparen nicht mit Kritik. Als ein paar Jahre ins Land gegangen sind, schreibt Abraham, nun sei es an der Zeit, dass Hensel etwas von wirklichem Wert vorzeigt. Lea hat gehört, Wilhelm habe mehrere Entwürfe gemacht, um am Ende wieder zum Original zurückzukehren, und schreibt: »*So ist's ja erklärlich, daß in 2 Jahren noch nichts vollendet worden. Wer der inneren Stimme und eigenen Überzeugung aber nicht fest vertraut, wird selten Bedeutendes leisten.*«

Warum hält er den Kontakt mit Mendelssohns? Wilhelm kann sich nicht von Fanny lossagen. Er hat seine Pläne, Katholik zu werden, aufgegeben, einerseits weil er als preußischer Hofmaler keine andere Religion als sein Auftraggeber haben kann, aber auch, weil er die Frau, die er liebt, nicht verlieren will.

Und dennoch wird er von ihren Eltern nicht akzeptiert. Während seines Aufenthalts in Italien wechselt er regelmäßig Briefe mit ihnen, es ist ihm nicht erlaubt, direkten Kontakt mit Fanny zu haben. Anstelle von Liebesbriefen hat er Porträtzeichnungen der Familienmitglieder und ihrer engsten Freunde geschickt, des Kreises, in den er so gerne aufgenommen würde. Er hat versucht, sie von allen möglichen Seiten zu erweichen, und in Rom hat er Kontakt zu Fannys Onkel Jakob aufgenommen, der als preußischer Generalkonsul Dienst tut und als eine Art Auftraggeber und Mentor für junge preußische Künstler fungiert. In seiner Residenz

Casa Bartholdy, oben bei der Spanischen Treppe, können sie sich ausprobieren und er lässt sie Fresken an die Wände malen.

Jakob Bartholdy hält leider nicht viel von Wilhelm, weder als Künstler noch als Mann für seine Nichte. Dieser lässt sich jedoch nicht entmutigen, und als Jakob überraschend stirbt, malt er ein Porträt von ihm und korrespondiert regelmäßig mit Abraham und Lea über die Geschäfte und das Haus des Verstorbenen. Ganz allmählich lassen sie sich erweichen, und Lea entschuldigt sich für ihre Strenge: »*Dass ich Sie wahrhaft schätze, Ihnen sogar herzlich gut bin, wissen Sie; ebenso, dass ich gegen Ihre Person nichts einwende: meine Gründe, mich jetzt für Sie nicht bestimmen zu können, sind: die Ungleichheit des Alters und das Ungewisse Ihrer Lage. Ein Mann darf nicht daran denken, sich zu verheiraten, bis seine Verhältnisse einigermaßen gesichert sind.*«

Lea hat immer sehr darauf geachtet, dass ihre Kinder nicht des Geldes wegen heiraten. Sie selbst, betonte sie immer wieder, hat ihren Mann erwählt, ehe er auch nur einen Pfennig besaß. Aber ebenso wichtig sind die richtigen Motive der Verehrer. Fanny ist keine Schönheit, und es darf nicht den geringsten Verdacht geben, Abrahams Vermögen könnte ein Grund für die Verlobung sein. Lea verlangt kein Leben in Luxus, aber Fannys Mann muss ihrer Tochter Geborgenheit bieten können.

Vielleicht will sie auch die Zeit, die ihre Tochter in Freiheit leben kann, verlängern. Mit der Ehe folgen Pflichten, die das Ende von Fannys musikalischer Entwicklung bedeuten könnten. Lea schreibt weiter an Wilhelm: »*Fanny ist sehr jung und dem Himmel sei Dank! bis jetzt völlig harmlos und ohne Leidenschaft. Sie sollen sie durchaus nicht in jene ver-*

zehrende Empfindung reißen wollen und sie durch verliebte Briefe in eine Stimmung schrauben, die ihr ganz fremd ist und die sie auf mehrere Jahre sehnsüchtig schmachtend, verzehrend machen würde, indes sie jetzt blühend, heiter und frei vor mir steht.«

Wusste Lea, dass Abraham nur wenige Jahre zuvor Fanny ermahnt hatte, mehr an die Ehe und weniger an die Freiheit zu denken? Die Vorstellungen der beiden schienen, was die Tochter betraf, nicht übereinzustimmen. Vielleicht war Abraham deshalb freundlicher eingestellt zu Wilhelm als Lea. Später, nach dem Tod ihres Mannes, sollte sie seinem Wunsch zuwiderhandeln und versuchen, Fanny zum Publizieren ihrer Musik zu überreden.

Die Zeit vergeht, Fanny wird dreiundzwanzig. Sogar Lea muss einsehen, dass es Zeit wird, an die Zukunft zu denken. Und für Wilhelm war die Sehnsucht nach dem Heimatland und der Geliebten zu groß geworden. Er vollendet seinen Auftrag *Die Verklärung Christi*, und der König meinte, als er das Resultat sah, der Künstler sei nicht unproduktiv gewesen während seines Aufenthalts in Rom. Laut Karl Friedrich Schinkel, dem hoch geschätzten Architekten des Berliner Schauspielhauses und anderer neoklassizistischer Gebäude in Berlin, war Wilhelm nicht nur zu einem neuen Mann und einem neuen Künstler gereift: Er hatte seinen Stil gefunden und sowohl seine Süßlichkeit als auch seine Kirchlichkeit abgelegt.

In einem kleinen zweirädrigen Wagen, mit dem man schnell vorankommt, reist er Tag und Nacht und erreicht schließlich Berlin. Hier findet er Fanny immer noch ungebunden, macht jedoch eine andere, ihm weniger zusagende Entdeckung. Lea hatte recht, als sie die Tochter als »blühend und frei« beschrieben hatte. Fanny hatte nicht nur auf ihren Verehrer gewartet, sie war in ihrem Leben vorange- kommen.

IX. Verlobung und Matthäuspassion

»Die Liebe ist ein Symbol der Ewigkeit. Es löscht jeg-
liches Gefühl für Zeit und zerstört alle Erinnerungen
an Anfang und alle Furcht vor einem Ende.«
Madame de Staël

Wer ist der Fremde, den sie heiraten wird? Wilhelm kann sich
an den intellektuellen Gesprächen nicht beteiligen, manchmal entsteht ein peinliches Schweigen, wenn er versucht, einen Scherz zu machen. Fannys neue Freunde, der Dichter
Droysen, der Jurist Gans oder der Mathematiker Dirichlet,
verstehen nicht, was sie an ihm findet – sie weiß es selbst
kaum noch. Lea bedrängt Wilhelm, was seine Zukunft angeht, wo immer sie kann.

Der Einzige, der wirklich auf Hochzeit eingestellt zu sein
scheint, ist Abraham. Er gratuliert seiner Tochter zum 23. Geburtstag mit diesen Worten: »*So will ich dir heute sagen, liebe
Fanny, dass ich in allen wesentlichen Punkten, im Wichtigsten,
mit Dir so zufrieden bin, dass mich nichts zu wünschen übrig
bliebe. Du bist gut in Sinn und Gemüt. Das Wort ist verdammt
klein, aber es hat es hinter den Ohren, und ich sage es nicht von
einem jeden.*

*Aber du kannst noch besser werden! Du musst Dich mehr zu-
sammennehmen, mehr sammeln; Du musst dich ernster und em-
siger zu Deinem eigentlichen Beruf, zum einzigen Beruf eines
Mädchens, zur Hausfrau bilden. [...] Gib dem Gebäude einen
festen Grund, der Zierden wird es nicht ermangeln.*«
Acht Jahre zuvor hatte er geschrieben, die Musik könne

für sie nie mehr als Zierde sein. Nun wird er deutlicher. Wenn Fanny von ganzem Herzen das tut, wofür sie gedacht ist, wird sie keine Sehnsucht mehr nach Extravaganzen haben.

Aber Fanny leidet nicht nur unter der Zurückhaltung der Freunde und ihrer bedrohten Freiheit. Viel schlimmer ist, dass auch Felix mit ihrem zukünftigen Mann nicht so recht warm werden kann. Wie Abraham in seiner Jugend ist auch Felix liberal, beinahe republikanisch gesinnt. Das passt überhaupt nicht zu dem zutiefst konservativen Wilhelm. *»Aber Hensel, nimm doch auf deinen radikalen Schwager etwas mehr Rücksicht!«*, sagt Felix nur halb im Scherz.

Er ist auch der Meinung, dass Wilhelm seine Schwester nicht versteht. Nachdem der Künstler eines seiner aufwendigsten Porträts von Fanny gemacht hat, findet Felix, es sei zwar gutes Handwerk, er habe jedoch Fannys inneres Wesen nicht einfangen können.

»Auch Fanny's großes Portrait ist schön, aber es gefällt mir nicht. Ich sehe, wie herrlich es gezeichnet, wie sprechend ähnlich es ist; aber in der Stellung, Kleidung, im Blick in der ganzen sybilligen Prophetenhaftigkeit oder schwärmenden Begeisterung ist mein Cantor nicht getroffen.«

Je mehr sich Wilhelm missverstanden fühlt und je platter seine Scherze werden, desto unsicherer wird er. Diese Unsicherheit findet ihren Ausdruck in einer Eifersucht, die Fanny sehr fremd ist. Aber vielleicht ist sie nicht ganz unbegründet. Als Wilhelm gerade wieder in Berlin ist, im Oktober 1828, ist Felix verreist, in ihren Briefen an den Bruder erwähnt Fanny ihre Liebe mit kaum einem Wort, außer dass sie beschreibt, wie Wilhelm mit seinem »Schafsgesicht« bei Tisch saß. Sie träumt stattdessen davon, mit Felix irgendwohin reisen und seinem Klavierspiel zuhören zu können, solange sie will.

In einem Brief an Felix scherzt Rebecka ein wenig gemein über den Zukünftigen der Schwester:

»Gestern abend ist Fanny im charmanten Gespräch an der Seite des Heißgeliebten eingeschlafen ... Warum? Weil Du nicht hier bist.«

Fanny fühlt sich in Wilhelms Gegenwart nicht immer wohl. Aber sie hat ihm doch die Treue versprochen. Wenn seine Besuche vorbei sind, es dunkel wird und sie allein in ihrem Zimmer ist, dann tritt wieder das Traumbild des Mannes, auf den sie fünf lange Jahre gewartet hat, hervor. Sie ist hin- und hergerissen zwischen Zweifel und Liebe, zwischen ihrem bequemen Alltag und einer unsicheren Zukunft.

Aber Wilhelm gibt nicht auf. Am Weihnachtstag kommt er mit Geschenken für die ganze Familie. Felix bekommt ein Notizbuch im Taschenformat für die Reise nach England, Rebecka ein sternenförmiges Notizbuch. Das schönste Geschenk bekommt natürlich Fanny – ein herzförmiges Notizbuch mit Goldschnitt und der Widmung:

Wohl diesem Büchlein gleicht das Herz
Du schreibst hinein Lust oder Schmerz.

Wilhelm weiß, Felix ist das größte und schwierigste Hindernis, um Fannys Herz zu erreichen. Eines Abends kommt er zum Essen in die Leipziger Straße. Dabei hat er eine Skizze von Felix, die Fanny großartig, brillant und schön findet. An die narzisstische Seite des jungen Komponisten zu appellieren, scheint der richtige Weg zu sein, denn nun ist Felix viel freundlicher. Fanny ist überglücklich, dass die wichtigsten Personen in ihrem Leben vielleicht nicht beste Freunde werden, aber wenigstens miteinander auskommen.

Felix' ganze Zuneigung gewinnt Wilhelm mit einem weiteren Gemälde, einer Skizze mit dem Titel *Das Rad*. Es stellt ein Rad dar, wie eine Uhr mit acht Zeigern, jeder eine Person darstellend, die sich um die Mitte des Rads bewegt – eine Gestalt in schottischer Kleidung, die Oboe spielt. Es ist Felix, der bald nach England und Schottland reisen wird.

Die anderen Personen stellen den Bruder Paul und seine zukünftige Frau Albertine Heine dar, außerdem einige aus dem innersten Mendelssohn'schen Kreis, die sich »Das Rad« nennen. Auf der Zwölf sind Fanny und Rebecka, die ein Notenblatt halten und deren Körper wie Ottern geformt sind – Felix' Kosenamen für seine Schwestern.

Eine Person schwebt außerhalb des Kreises, mit ihm nur durch eine Kette verbunden, die Fanny in der Hand hält. Das ist der Künstler selbst, der Außenseiter, der versucht, zu einer Gruppe zu gehören, die ganz offensichtlich um Felix kreist.

Ein neues Jahr: 1829. Fanny beginnt, Tagebuch zu schreiben, und blickt hinaus in die Welt. In Griechenland wird um die Selbständigkeit Krieg geführt und als Folge gibt es Kämpfe zwischen den pro-griechischen Russen und dem Osmanischen Reich. In Spanien grassiert das Gelbfieber, in Portugal herrscht Anarchie, und in England diskutiert man »die irische Frage«, und die Rechte der Katholiken, was zu einem Emanzipationsgesetz führt, das es Mitgliedern der römisch-katholischen Kirche erlaubt, im britischen Parlament zu sitzen. Wie viele andere Romantiker hegt Fanny Sympathien für bürgerliche Rechte und die Selbständigkeit der Nationen. Nachrichten über die Lage in Preußen oder Berlin fehlen.

In der Familie jedoch sind große Veränderungen zu erwarten:

»*Dies Jahr wird einen wichtigen Abschnitt in unsrem Familienleben bilden. Felix, unsre Seele, geht fort, mir steht der Anfang meiner 2ten Lebenshälfte bevor.*«

An einem Abend im Januar war Lea ganz besonders garstig Wilhelm gegenüber gewesen und Fanny daher äußerst schlecht gelaunt. Während einer Lesung von Gedichten im Salon wird die Tür aufgerissen. Herein stürzt der Professor, Forschungsreisende und Freund der Familie, Alexander von Humboldt, mit der Neuheit: »Hensel hat einen Platz als Maler am preußischen Hof bekommen!«

Am nächsten Vormittag kommt Wilhelm zu Besuch. Fanny, die im Gesellschaftszimmer sitzt und die Kopie einer Händel-Arie anfertigt und noch nicht richtig angezogen ist, versteht sofort, was das bedeutet, und eilt die Treppe hinauf. Sie wartet zusammen mit Rebecka vor dem Zimmer, in dem Wilhelm mit ihren Eltern spricht. Sie versucht, sich auf die geographischen Studien zu konzentrieren, was ihr nicht gelingt. Nach einer Weile kommt Wilhelm heraus, er und Fanny vereinen sich. Zusammen betreten sie das Zimmer, um die Eltern zu treffen, sie finden Lea unter Schock, wie schnell alles gegangen ist. Abraham hingegen strahlt, er ist froh und zufrieden. Es gelingt ihnen schließlich, Lea zu überreden, die widerwillig akzeptiert. Fanny und Wilhelm sind endlich verlobt.

Um nicht noch mehr Aufregung zu verursachen und Leas empfindliche Gefühle zu strapazieren, erfahren die Freunde die Neuigkeit im Geheimen und ohne große Festlichkeiten.

Wilhelm jedoch, der seine Freude nicht zurückhalten kann, schreibt dem Tag zu Ehren ein Gedicht: Zeilen über den Frühling, der in ihm zum Leben erwachte, mitten im strengen Berliner Winter.

Die Verlobungszeit wird nicht leicht. Lea ist immer noch negativ eingestellt, und sie macht es dem Liebespaar wirklich nicht einfach. Am 3. Februar 1829 dürfen Fanny und Wilhelm zum ersten Mal allein zusammen sein. Am 9. März schreibt Fanny in ihr Tagebuch: *»Sonntag Nachmittag gab es eine sehr unangenehme Szene mit Mutter wegen unserer Verheiratung, über die ich Hensel gar nicht wieder beruhigen konnte.«*

Sie schreibt auch: *»Erst jetzt bin ich wirklich Braut«*, was darauf hindeutet, Lea könnte zwischenzeitlich ihre Zustimmung zurückgezogen haben.

Wilhelm fällt es immer noch schwer, seinen Platz in Fannys Leben zu finden, er fühlt sich ungerecht behandelt, wenn er nicht immer die erste Priorität hat. Er kommt mit Forderungen. Sie soll sich nicht mehr mit ihren Freunden treffen, nicht mehr so viel Zeit der Musik widmen, sich von Felix distanzieren. Jeden Morgen holt sein Diener einen Brief der Verlobten ab, in dem sie sich verteidigt, für ihr Leben argumentiert. Aber sie weiß auch, was ihr Vater von ihr erwartet. Wilhelm für die Musik und ein gesellschaftliches Leben zu verlieren, das ist keine Alternative. Deshalb willigt sie schließlich ein, auf ihre Freunde und sogar ihr musikalisches Schaffen zu verzichten. Aber auf den Bruder? Nein, da verläuft die Grenze. Einen Monat nach der Verlobung schreibt sie an Wilhelm: *»Felix hatte gestern abend komponiert, und da sahen seine Augen so wunderschön aus. Es ist etwas Eigenes mit seinen Augen, ich habe noch bei keinem Menschen die Seele so unmittel-*

bar darin gesehen. Du mußt ihn so unendlich lieben, zwischen uns dreien muss alles so vollkommen richtig und einig und wahr sein, dann will ich in dieser Welt keine unfrohe Minute haben, wenn Ihr Euch recht liebt, ich bin mit meiner Stellung gegen euch beide zufrieden.«

Wilhelm versteht allmählich, dass er den Kampf gegen Felix nicht gewinnen kann. Er schreibt, dass Fannys Liebe nicht zwischen beiden geteilt würde, stattdessen bekämen beide sie ganz auf ihre Weise zu spüren.

Er ist jedoch weiterhin eifersüchtig auf ihre Freunde und ganz besonders auf Droysen. Johann Gustav Droysen sollte sich einen Namen als Professor in Geschichte machen, er war in der deutschnationalen Bewegung engagiert. Zu jener Zeit war er ein hoffnungsvoller Dichter, drei Jahre jünger als Fanny, aber, wie sie meint, *»ein neunzehnjähriger Philologe mit [...] einem Wissen über sein Alter und einem reinen poetischen Sinn«.*

Fanny hat mehrere seiner Gedichte in Musik gesetzt und plant auch, eines zur Silberhochzeit der Eltern im Dezember 1829 zu vertonen. Einige Wochen vor ihrer eigenen Hochzeit jedoch schickt sie die Gedichte aufgrund von Wilhelms Eifersucht an Droysen zurück. Sie verspricht ihrem Verlobten, keine Musik zu Texten mehr zu komponieren, vor allem nicht zu Texten von Droysen. Von nun an beschäftigt sie sich nur noch mit Instrumentalmusik, die ist diskret und kann nicht falsch gedeutet werden. Sie zitiert Jean Paul, als sie an Wilhelm schreibt: *»Die Kunst ist nicht für Frauen, nur für Mädchen, an der Schwelle meines neuen Lebens nehme ich Abschied von dieser Kindergespielin.«*

Durch Wilhelms Eifersucht fühlt sie sich schuldig – sie hält sich nicht an ihre Pflichten, und das ist nicht gut.

Was sonst kann sie denn tun, außer sich bereit zu erklären, einen Großteil ihres Künstlertums zu opfern – ihre Lieder?

Glücklicherweise sieht Wilhelm sehr bald ein, dass er zu weit gegangen ist. Vielleicht zeigt ihm ihr Wille zur Aufopferung ihre wahre Liebe. Und er sieht sie endlich als das, was sie ist: Ohne schöpferisches Tun ist sie nur halb, ohne ihre Musik kann sie nicht glücklich sein. Ganz bekehrt sagt er jetzt, eine unbegrenzte Ausübung ihrer Kunst sei die Voraussetzung ihrer Beziehung. Die dunklen Gefühle weichen von ihm. Zusammen werden sie beweisen, dass Jean Paul nicht recht hat. Wilhelm bleibt bei dieser Überzeugung und wird bis zum Ende ihres Lebens eine loyale Stütze für Fanny und ihr künstlerisches Schaffen sein.

Die Menschen haben stundenlang draußen gewartet. Als die Türen endlich geöffnet werden, strömen sie in den Saal der Singakademie und füllen ihn innerhalb von fünfzehn Minuten. Fanny hat sich zwischen die stärksten Altstimmen gestellt, damit sie Felix möglichst gut sehen kann. Im Publikum sieht man die Crème de la Crème von Berlin – den preußischen Hof, Hegel, die Varnhagens, den Hofkomponisten Spontini, Heinrich Heine. Vielleicht ist auch Niccolò Paganini im Publikum, der italienische Virtuose, der in die Stadt gekommen ist und elf ausverkaufte Konzerte geben wird.

Alle Blicke richten sich auf Felix, er sitzt am Klavier, das diagonal mitten auf der Bühne steht. Sein Blick ist konzentriert. Hinter ihm steht der eine Chor, vor ihm der andere und das Orchester. Dann hebt er die Hand und gibt das

Zeichen. Suggestiv und mächtig erhebt sich der tote und begrabene Bach aus der Asche, seine *Matthäuspassion* dringt in jede Ecke des Saals. Der Chor beginnt seine Klage:

Kommt, ihr Töchter, helft mir klagen!
Sehet! Wen? Den Bräutigam.
Seht ihn! Wie? Als wie ein Lamm!

Bachs Oratorium über Sterblichkeit, Trauer und Auferstehung wurde eigentlich für einen Kirchensaal geschrieben, Fanny hat das Gefühl, als verwandle sich die Aula der Singakademie in das Haus des Herrn. Der Chor besitzt eine Stärke und gleichzeitig eine Zartheit, wie sie sie noch nie gehört hat. Das Publikum ist völlig still, bis auf hier und da ein »Oh« aus Ehrfurcht und Staunen. Wie hat ein solch wunderbares Werk in Vergessenheit geraten können?

Die Erstaufführung der *Matthäuspassion* ist das Ergebnis von Felix' Bestreben, der Welt die Musik von Johann Sebastian Bach wieder zuzuführen. Die Partitur hat er von seiner Großmutter, Bella Salomon, geschenkt bekommen, und er hat sie in den letzten Monaten zusammen mit seinem Freund Eduard Devrient durchgearbeitet. Um die Musik dem deutschen Publikum etwas zugänglicher zu machen, hat er das dreieinhalb Stunden lange Werk auf knapp zwei Stunden gekürzt.

Die Wiederaufführung, knapp hundert Jahre nach der Uraufführung in Leipzig, wurde ein großer Erfolg und der Beginn von Bachs Auferstehung und dem ihm gebührenden Platz im westlichen Kulturkanon. Durch die Wiedererweckung eines der größten Namen der protestantischen Musik hat Felix sich nun wirklich in die christliche Gesellschaft integriert. »*Dass es ein Komödiant und ein Judenjunge sein müssen, die den Leuten die größte christliche Musik wieder bringen!*«, sagt er über sich selbst und Eduard Devrient.

Für Felix ist das der Beginn einer großen Karriere, für Fanny die letzte richtige Zusammenarbeit mit ihrem Bruder. Die Biografin Françoise Tillard findet es jedoch merkwürdig, dass Fannys Beitrag zu Bachs Auferstehung nie erwähnt wird. Felix' Kosenamen für sie, »der Kantor mit den buschigen Augenbrauen«, war doch eine Anspielung auf ihren Lieblingskantor, und Fanny kannte das Werk des Meisters mindestens so gut wie ihr Bruder. Der Wissenschaftler Alexander von Humboldt hat zugehört, wie Fanny und Felix die Passion vierhändig am Klavier übten, sie haben also beide das Werk studiert und es vielleicht auch zusammen für das Klavier transkribiert.

Beim ersten Konzert mussten Tausende von Berlinern vor der Tür bleiben. Deshalb gab es ein zweites, bejubeltes Konzert am 22. März, dem Geburtstag von Bach. Bei der dritten Aufführung war Felix bereits nach England abgereist.

Zelter nimmt den Platz als Dirigent ein – was sich als Fehler herausstellt. Der ehemalige Lehrer der Mendelssohns kennt das Werk kaum, er spielt falsch und kann den Takt nicht halten. Die Sänger und Musiker kommen so durcheinander, dass sie an den falschen Stellen und in der falschen Tonart einsetzen, was Zelter wütend macht. Als die Probe vorbei ist, sind alle erschöpft und missmutig. Eine frustrierte Fanny schreibt an Felix: »*Von den Montags u. Dienstags Proben wollte ich Dir gar nichts schreiben um nicht den Jammer in Dir zu erwecken, von dem meine Seele voll war. Zelter spielte selbst, u. was er mit seinen zwei Fingern u. seiner völligen Unkenntniß der Partitur herausbrachte, kannst Du Dir denken.*

Mißstimmung u. Angst verbreitete sich im ganzen Chor, u. Dein Name wurde vielfach genannt.«

Nach der Probe hält Fanny zusammen mit Eduard Devrient und den Geigern Eduard Rietz und Ferdinand David ein Krisentreffen ab. Sie beschließen, dass Rietz den Takt schlägt und David die Pausen zählt, als ob es sein Leben gelte. Die nächste Probe verläuft sehr viel besser, obwohl Zelter vergisst zu dirigieren und falsche Akkorde spielt. Nach dem Konzert berichtet Fanny in einem Brief an Felix das ganze Werk von Anfang bis Ende. Sie kann das Oratorium auswendig und weiß genau, wie es klingen soll.

Eine Möglichkeit wäre gewesen, dass Fanny, die die Passion erheblich besser als Zelter kannte und es von den Sonntagskonzerten gewohnt war, Musiker zu führen, den Platz ihres Bruders einnehmen könnte. Aber dieser Gedanke scheint keinem der Beteiligten gekommen zu sein.

Später sollte auch dies – Felix' großer Beitrag zur Kulturgeschichte – von der Geschichtsschreibung kleingeredet werden. Im Jahr 1883 behauptet Eduard Grell, ein Schüler von Zelter und später selbst Leiter der Singakademie, Zelter sei es gewesen, der die Passion wieder zum Leben erweckt hat. Ähnliches meinte der Musikforscher Georg Schünemann drei Jahrzehnte später. Zelter war ohne Zweifel ein Teil der sogenannten hermetischen Bach-Tradition, einer Gruppe, die sich weiterhin für Bach interessierte und seine Musik sammelte. Bella Salomon hatte durch ihre Bekanntschaft mit diesem Kreis die Partitur der *Matthäuspassion* erhalten. Zelter hatte kürzere Passagen des Werks mit der Singakademie aufgeführt. Aber es war doch Felix Mendelssohn, vielleicht sogar mit Fannys Hilfe, der das Werk aus den intimen gelehrten Kreisen in das deutsche Bürgertum brachte. Die

Nationalsozialisten sollten später natürlich bestreiten, dass es der als Jude geborene Felix war, der den christlichen Bach dem deutschen Volk nähergebracht hat.

———⌣———

In diesem Frühjahr erwartete Fanny die größte Veränderung ihres Lebens – ein Wort, das für sie synonym war mit Verschlechterung. Während sie selbst den Schritt aus ihrer eigenen Familie macht, beginnt Felix seine Karriere, die Englandreise wird der Start sein. Sie sollte zwar nur ein paar Monate dauern, aber es war der Beginn eines langen Reiselebens und auch eines geplanten Wegzugs aus Berlin.

Die Stadt hatte seit den Zeiten, als sie im späten 18. Jahrhundert das Zentrum aufgeklärter jüdischer Salons war, viel von ihrer Leuchtkraft verloren. Das Berlin des Jahres 1829 ist konservativ, kulturell verarmt, neue Ideen gibt es nicht mehr. Abrahams unbedingter Wunsch war es, dass Felix in einer anderen Großstadt wohnt, wo es Theater und professionelle Orchester gibt, an einem Ort, wo er sich verwurzeln und die Karriere aufblühen kann. Die bevorstehende dreijährige Reise durch Europa ist ein Teil dieser Zukunftsplanung.

Ein paar Wochen vor seiner Abfahrt schreibt Fanny an Wilhelms Schwester Luise. Sie haben sich noch nie getroffen, scheinen sich jedoch bereits als Seelenschwestern gefunden zu haben. Vielleicht kann Luise, die eine sehr enge Beziehung zu Wilhelm hat, die Sehnsucht nach einem geliebten Bruder verstehen: »*Ich muss dem Himmel doppelt danken, der ihn mir gerade jetzt gegeben hat, wo wir alle uns auf lange Zeit von meinem ältesten Bruder trennen, eine Trennung, die mir schwerer fällt, als ich dir oder irgend jemand sagen kann, weil es sich eigentlich nicht sagen lässt, und weil nichts so schwer auszusprechen und nachzufühlen ist als ein Schmerz. Ich fürchte aber nicht, ihn deshalb jemals weniger zu lieben, weil ich Wilhelm liebe, ich kann überhaupt diese Enge des Herzens nicht begreifen, worin der Bruder oder die Freundin dem Geliebten erst Platz machen muss, als wär's eine Wohnung mit abgeschlossenen Räumen.*

Verzeih mir, wenn ich heut abbreche, ich bin, aufrichtig gesagt, zu sehr durch die lange Trennung von meinem Bruder und eine momentane von meiner Schwester bewegt und zerstreut, um Dir mit Ruhe schreiben zu können; ist er erst fort, bin ich einmal ausführlicher. Für heut mag Wilhelm das Wort nehmen.«

Während seiner letzten Woche in Berlin gibt Felix jeden Tag in verschiedenen Kirchen Orgelkonzerte: in der Dreifaltigkeitskirche, der Garnisonkirche, der Parochialkirche. Fanny sitzt im Publikum und meint zu hören, wie Felix' Angst vor dem Aufbruch in die Musik einsickert. Noch nie hat sie so etwas Schreck Einjagendes gehört wie den ersten Chorsatz der *Matthäuspassion*. Der Druck auf ihn ist gewaltig. Die Familie hat große Erwartungen an ihn.

Dann ist der Tag für die große Abreise gekommen. Am Freitag, dem 10. April steht Fanny um vier Uhr morgens auf. Sie ist kein bisschen müde, obwohl sie kaum geschlafen hat. Aber das Atmen fällt ihr schwer.

Felix hingegen kann man kaum wach bekommen. Trotz seiner nervösen Natur hat er immer die Gabe des guten Schlafs besessen, sogar vor Momenten wie diesen. Stell ein Sofa vor ihn hin, und kurz darauf ist er fest eingeschlafen. Fanny betrachtet ihren Bruder, während sie ihm beim Anziehen hilft. Das lockige Haar, das die hohe Stirn einrahmt, die Augenlider, die an diesem frühen Morgen noch mehr als sonst hängen und die dennoch den erwartungsvollen Blick nicht verbergen können. Wie ist die Zeit so schnell vergangen? Wann ist aus ihrem kleinen Felix dieser stattliche Zwanzigjährige geworden, der in die Welt hinaussoll?

Eine halbe Stunde später sind seine Koffer in der Droschke verstaut, und Fanny steht vor der Tür zur Leipziger Straße 3. Sie winkt, bis der Wagen außer Sichtweite ist. Ein paar Tage später schreibt sie in ihr Tagebuch: »*Mir ist das Herz so voll, dass ich nicht werde schreiben können und doch schreiben muss. […] Es ist doch schwer. Sehr schwer.*«

Sie spürt Felix' Abwesenheit im ganzen Körper. Unwillkürlich wandert Fannys Blick zu seinem Fenster, wann immer sie daran vorbeigeht. Die Gardinen bewegen sich im Wind, und sie stellt sich vor, ihr Bruder säße da drinnen. Sie empfindet eine tiefe, leere Stille. Auch während der alltäglichen Tätigkeiten, wenn sie spricht und konversiert – die Leere ist immer da.

Eines Tages, als sie von Zelter zurückkehrt und wie gewöhnlich hinauf zu Felix' Fenster schaut, sieht sie etwas Weißes am Fensterrahmen. Ihr erster Gedanke ist, ein Notenblatt könnte von seinem Schreibtisch weggeblasen worden sein. Als sie näher kommt, sieht sie, dass es eine Taube ist. Sie fliegt auf und verschwindet im Himmel.

Wilhelm hat ein weiteres Porträt seines Schwagers gemalt, vielleicht für Fanny. Es zeigt den jungen Komponisten auf einer Parkbank im Garten sitzend, umgeben von Fliedersträuchern. Den rechten Arm hat er hinter sich auf die Lehne gelegt, der andere ruht in seinem Schoß, die Finger ein

klein wenig angehoben. Fanny glaubt aus seinem Gesichtsausdruck und der Stellung der Hände ablesen zu können, dass
er komponiert. Sie nimmt das Gemälde an sich und hängt es
über dem Kamin ihres Musikzimmers auf, so hat sie Felix'
Blick auf sich gerichtet, wenn sie spielt und schreibt. Sie und
die Schwester Rebecka können stundenlang davorsitzen, um
seine Nähe zu spüren.

Eines Abends bekommt sie sein Chorwerk *Hora est* zugeschickt und spielt es zwei Stunden lang. Kurz darauf sitzt sie
an ihrem Schreibtisch: »*Stehe vom Klavier auf, trete vor Dein
Bild und küsse es, und vertiefe mich so ganz in deine Gegenwart,
dass ich – dir nun schreiben muss, aber mir ist unendlich wohl,
und ich habe dich unendlich lieb. Unendlich lieb.*«

Manchmal erlebt sie Momente von pulsierendem Ge-
fühlsüberschwang und wahnsinnigem Glück, aber ebenso
schnell verfällt sie auch wieder in Zweifel. Sie hat Angst, die
Liebe zu Wilhelm könnte etwas zwischen ihr und Felix zerstören. Immer wieder versichert sie ihren Bruder des Platzes,
den er in ihrem Herzen hat und immer haben wird. Er ist
das Einzige, worüber sie und Wilhelm sprechen, wenn sie allein sind. Felix ist ihr Engel, nichts darf sich je ändern!

Am 8. Juli 1829 schreibt sie ihm zum ersten Mal geradeheraus über ihre Angst: »*Hensel ist gut, Felix, und ich bin im wei-
testen Sinne des Wortes zufrieden, glücklicher als ich es je zu
werden dachte, denn ich träumte, und fürchtete, eine solche Verbindung würde mich von dir losreißen, oder doch entfernen, und
es ist womöglich gerade das Gegenteil, ich habe mehr Bewusstsein gewonnen, als früher, und daher bin ich dir näher, ich denke
mehr, daher denke ich mehr an dich und je mehr ich habe, je mehr
ich haben werde, desto mehr werde ich dich brauchen und haben.
Es ist nicht möglich, dass du mir je von deiner Liebe etwas ent-*

ziehst, denn Du musst wissen, wie ich, daß ich nicht den kleins-
ten Teil davon entbehren kann. Ich werde dir an meinem Hoch-
zeitstag dasselbe wiederholen.«

Hat sie wirklich nur Angst, Felix zu verlieren? Ihr ganzes
bisheriges Leben lang war ihre musikalische Entwicklung
eng mit der von Felix verflochten. Jetzt, wo dieser Teil des
Lebens für immer vorüber ist, was soll da aus ihrer Musik
werden?

Felix geht auf Reisen, darauf hat sie keinen Einfluss. Aber
es darf auch nicht das Ende ihres schöpferischen Lebens sein.
An dem Tag, an dem er abreist, bekommt sie eine Sammlung von Gedichten von Droysen. Sie vertont sie, in einer
Art Suite, der sie den Namen *Liederkreis* gibt.

Sie schickt ihn später an ihren Bruder mit der Widmung:
»An Felix, während seiner ersten Abwesenheit in England 1829«,
ausgeschmückt mit einer Zeichnung von Wilhelm. *»Über-*
haupt bin ich recht froh, zu der Überzeugung gelangt zu sein,
dass der Brautstand meiner Musik nicht geschadet hat. Habe ich
nun erst ein gutes Stück im Ehestande gemacht, dann bin ich
durch, und glaube an ein ferneres Fortschreiten. Aber, nicht wahr?
Besseres wie die Lieder für dich habe ich noch nicht gemacht,
und das Stück von und für Hensel ist auch nicht übel.«

X. Felix in der großen Welt,
Fanny in der kleinen

»Die Musik bei einem Hochzeitszug erinnert mich
immer an die Musik von Soldaten, die in den Krieg
ziehen.«
Heinrich Heine

Es bläst ein stürmischer Wind, die Wellen gehen hoch. Felix
ist ein wenig grün im Gesicht und scheint die Aussicht nicht
besonders zu genießen. Der moderne Raddampfer *Ben Lo-
mond* kreuzt zwischen den inneren Hebriden, aber für die
Fahrt zur Insel Staffa müssen sie ein kleineres Schiff nehmen.

Die Fingalshöhle trägt ihren Namen nach dem irischen
General Fionn mac Cumhaill (in Schottland auch Fingal genannt), der keltischen Entsprechung zu König Arthur und einer zentralen Gestalt der irischen Mythologie. Viele Berühmt-
heiten sind erstaunt durch die 35 Meter hohe Höhlenöffnung
geschritten – John Keats und William Turner, Königin Victoria und Prinz Albert, William Wordsworth und Jules Verne.
Die ganze Insel Staffa ist ein Wunder, sie besteht ausschließlich aus Basaltsäulen, die entstanden, als der vulkanische Ba-
salt auskühlte und die Form von Orgelpfeifen angenommen
hat. Angesichts des grünen Wellenrauschens, das in den wunderlichen Felsenraum ein- und ausströmt, vergisst er seine
Seekrankheit. Die Fingalshöhle, die sich ganz allein aus dem
großen grauen Meer erhebt, sieht eher aus wie eine Kathe-
drale von Menschenhand als von der Natur erbaut.

Ein paar Tage zuvor, als sie an den Überresten des Forts Dunollie aus dem 13. Jahrhundert vorbeigefahren waren und dann sicher an Land in dem kleinen Fischerdorf Tobermory saßen, schrieb Felix an seine Familie: »*Um Euch zu verdeutlichen wie seltsam mir auf den Hebriden zumute geworden ist, fiel mir eben folgendes bei.*«

Auf diese Zeilen folgt die Einleitung zu einem Werk, das zu seinen beliebtesten und berühmtesten werden soll. In diesen ersten romantischen und malerischen Takten kann der Hörer die öden Inseln vor sich sehen, die Bewegung der grauen Wellen spüren, den Duft von Salz und Abenteuer. Diese Strophen wurden zwar vor seiner Reise zur Fingalshöhle komponiert, sie sind eher so etwas wie eine Vorahnung – dieser Ort hinterlässt die tiefsten Spuren in ihm und inspiriert den Rest des Werkes.

Die einsame Insel wurde am 16. Dezember 1830 fertiggestellt. Erst zwei Jahre später bekommt das Werk seine endgültige Form und seinen Namen, *Die Hebriden*, oft auch *Fingalshöhle* genannt. Diese Konzertouvertüre wurde zum ersten Mal am 14. Mai 1832 in London aufgeführt, zusammen mit der Ouvertüre zu *Ein Sommernachtstraum*. Beide Werke sind sehr erfolgreich, und die Höhle wird danach noch mehr zu einem mythenumsponnenen Ort.

Die Reise zu den schottischen Hebriden ist ein Teil der Rundreise, die Felix zu den Britischen Inseln unternimmt. Abraham möchte, dass sein Sohn in die englische Musikszene eingeführt wird, aber auch Erfahrungen sammelt, die Welt entdeckt und sieht – eben eine klassische Bildungsreise unternimmt.

Die schottischen Highlands sind der direkte Gegensatz zu dem großen und komplexen Monster London, das ihm während drei Tagen mehr Eindrücke und Variationen bietet als sechs Monate in Berlin. Felix erreicht London, kurz nachdem das Gesetz über die katholische Emanzipation in Kraft getreten ist. Erstaunt fährt er in einem offenen Wagen durch die Straßen. Er betrachtet das lebendige Treiben und die bunten Schlagzeilen. Überall Lärm, überall Rauch. Das Ende jeder Straße verschwindet in einem ewigen Nebel. Vielleicht ist es die Vorliebe der Briten für die Oratorien von Händel, Felix fühlt sich in England zu Hause. Er wird noch viele Male zurückkehren.

Und die Liebe zu den Briten beruht auf Gegenseitigkeit. Bei einem seiner wenigen Konzerte während dieser ersten Englandreise gerät Felix in Panik und bekommt Fieber, als er den vollbesetzten Konzertsaal in der Regent Street sieht. In Berlin kennt er sein Publikum, spricht die Sprache. Hier kennt er kein Gesicht, außerdem ist es sein erstes öffentliches Auftreten, nicht am Klavier, sondern oben auf dem Podium mit einem Taktstock. Aber seine Sinfonie Nr. 1 in c-Moll, die er als Geburtstagsgeschenk für Fanny geschrieben hat, wird vom Publikum bejubelt und man verlangt eine Zugabe. Nachdem er mindestens zweihundert Hände geschüttelt hat, berichtet er seiner Familie: *»Es war einer der glücklichsten Momente meiner Erinnerung, denn all die Fremden waren mir in einer halben Stunde zu Bekannten und zu Befreundeten umgewandelt.«*

Fanny freut sich aus der Entfernung mit ihm und schreibt an den Freund Klingemann: *»Sie werden es nicht mißverstehen, wenn ich Ihnen sage, daß Felixens Erfolg mich nicht überrascht, nicht verblendet oder erschüttert hat, daß ich überhaupt, was ihn betrifft, einen an Borniertheit grenzenden Prädestinationsglauben habe; das alles ist schön und gut, und so ein Brief* *wie sein gestriger und Ihr heutiger ist doch eine unendliche Freude.«*

Großen Erfolg hat auch die englische Premiere der Ouvertüre zu *Ein Sommernachtstraum*, sie scheint die Herzen des Publikums in Shakespeares Heimatland ganz besonders zu rühren. Felix berichtet, seine eigene Musik habe ihm sehr viel mehr geholfen als all die Empfehlungsschreiben, mit denen man ihn ausgestattet hatte, zahlreiche Verleger bieten sich an, seine Kompositionen zu veröffentlichen. Während er mit dem britischen Publikum beschäftigt ist, überlässt er Fanny die Auswahl und Herausgabe seines zweiten Bandes *Lieder Op. 9*, der in Deutschland erscheinen soll.

Gegen Ende seines Aufenthalts reist Felix nach Wales, wo er Gast des Bergbauingenieurs und Unternehmers John Taylor und dessen Familie ist, auf deren Landsitz *Coed Du* in der Nähe des Dorfs Rhydymwyn in Flintshire. Sie haben gemeinsame Bekannte, aber sie wissen kaum, wer der fremde Gast ist, und noch weniger über seine Musik. Der Zwanzigjährige, der zu Besuch kommt, lispelt ein wenig, hat ein ansteckendes Lachen, tanzt gerne, und sobald ihm etwas gefällt, nickt er begeistert, die Locken fallen ihm über die Augen. Bald müssen sie erkennen, dass dieser junge Mann etwas ganz Besonderes ist. Eine der Töchter der Familie schreibt später: *»Wir wussten wenig von seiner Musik, aber ihr wunderbares Wesen kam über uns, und ich erinnere mich an einen Abend, als wir drei Schwestern nach unseren Zimmern gingen, wie wir zueinander sagten: Gewiss muss das ein genialer Mann sein, [...] wir können uns in dieser Musik nicht irren; noch nie haben wir einen Menschen so spielen hören, und doch kennen wir die besten Londoner Musiker. Sicher werden wir einmal hören, dass Felix Mendelssohn Bartholdy ein berühmter Mann geworden ist.«*

Felix genießt die ländliche Idylle, die Wiesen und die Bäume, das Rauschen des Wassers, das über die Steine im Bach fließt. Nelken, Rosen und eine kriechende Pflanze mit trompetenförmigen Blüten umgeben das Haus und inspirieren ihn zu zwei Klavierphantasien, die er den Töchtern der Familie widmet. Das walisische Wetter jedoch gefällt ihm nicht: »*Gestern war ein guter Tag, d. h. ich wurde nur dreimal naß!*«, und auch die Volksmusik weiß er nicht zu schätzen. In jedem Pub sitzt in einer Ecke ein Harfenist und spielt sogenannte nationale Melodien – was, laut Felix, vulgärer, falscher Mist ist: »*Wenn man wie ich Beethovens Nationallieder nicht ausstehen kann, so gehe man doch hierher und höre diese von kreischenden Nasenstimmen gegröt, begleitet von tölpelhaften Stümperfingern und schimpfe nicht [...] Nur keine Nationalmusik! Zehntausend Teufel sollen doch alles Volkstum holen!*«

Es ist geplant, dass Felix kurz vor Fannys Hochzeit am 3. Oktober nach Hause reist und sich anschließend nach Italien begibt. Fanny hat ihn gebeten, eine Orgelmusik zur Trauung zu schreiben, die skizziert er bei der Familie Taylor. Aber seine Schwester hat auch eigene Ideen, und sie schreibt ihm, sie habe ein fast fertiges Präludium in G-Dur im Kopf, obwohl sie noch nie etwas für Orgel geschrieben hat und das Instrument auch selbst nicht spielen kann.

Felix soll Abraham in Hamburg treffen, um dann zusammen mit ihm zurück nach Berlin zu reisen. Aber kurz vor der Abfahrt fällt er aus einer offenen Droschke und zieht sich eine tiefe und schmerzhafte Wunde am Knie zu. Er muss liegen, und er muss noch weitere zwei Monate in England bleiben, überwacht vom treuen Freund Klingemann. Die Hochzeit seiner Schwester wird er verpassen.

Fanny muss angesichts dieser Nachricht sehr enttäuscht

gewesen sein, aber sie schreibt sachlich in ihr Tagebuch: »*Diese Woche zweimal Brief von Vater, einmal aus Rotterdam, mit einem herrlichen von Felix, woraus aber leider hervorging, dass sie sich nicht treffen würden, und F. bestimmt erklärte, dass er nicht zur Hochzeit kommen würde.*«

Gibt es da vielleicht einen wenn auch unbewussten Anstrich von Erleichterung? Die Verlobungszeit war keine Zeit der lichten Erwartung gewesen, sie war begleitet von Zweifeln und Unruhe angesichts der Veränderung. Der Bruder und alles, was er symbolisiert, wühlen sie auf. Vielleicht hätte seine Gegenwart den großen Tag noch komplizierter gemacht.

Während Felix im Bett liegt, Schmerzen hat und sich nicht bewegen kann, erfasst ihn Angst und Heimweh. Er ist noch reizbarer als sonst und macht sich über das kräftige Dienstmädchen lustig, die nicht versteht, was er sagt (meint zumindest Klingemann, vielleicht hat sie es verstanden, sich jedoch nicht getraut zu antworten).

Seine Schwester wird heiraten. Sie wird einen neuen Namen annehmen. Obwohl sie ihm immer wieder schreibt und ihn ihrer Liebe versichert, weiß er, von jetzt an wird Wilhelm Hensel die Nummer eins in ihrem Leben sein. Eine Woche vor dem großen Tag schreibt er: »*Dies ist also der letzte Brief, der vor der Hochzeit nach Euch gelangt, und zum letzten Male rede ich Fräulein Fanny Mendelssohn Bartholdy an, und wohl viel hätte ich zu sagen […]. Ob ich's gut oder schlecht sage, oder verschweige, das wisst Ihr wohl recht gut; mir aber ist's, als hätte ich ganz und gar die Zügel verloren über das, was ich sonst schon zu bemeistern wusste; und die Gedanken über alles, was sich nun verändern und festsetzen will, die sich mir sonst gleich in einem verschmolzen hätten, wenn ich angefangen hätte, Euch zu*

schreiben die fahren mir nun einzeln, unbestimmt und halb wild
um her und sind nicht zu kokett.«

———

Rebecka, oft Beckchen genannt, ist die typische kleine
Schwester. Reizbar, schlagfertig, kokett und ein klein wenig
oberflächlich. Sie und Fanny haben während ihrer ganzen
Kindheit um die Gunst des Bruders gewetteifert, und sie
nehmen in ihrem Eifer, ihm zu schreiben, einander die Feder aus der Hand. Wenn Fanny von »unserem kleinen Trio«
spricht, dann meint sie höchstwahrscheinlich sich selbst, Felix und Rebecka – Paul scheint nicht die gleiche Verbindung
zu den Geschwistern gehabt zu haben, und er wird in den
Memoiren seines Neffen nur selten erwähnt.

Fanny und Felix mögen Rivalen gewesen sein, ihre Beziehung zu Beckchen ist weniger kompliziert. Auch sie ist eine
talentierte Musikerin, intelligent und sehr sprachbegabt, aber
sie stellt für die älteren Geschwister nie eine Bedrohung dar.

Ihr Bewunderer Droysen meint, sie sei das Kind, das ihre
Eltern am wenigsten mögen. Sollte das der Fall sein, so bekommt sie umso mehr Liebe von ihren Geschwistern. Felix
sucht bei Rebecka emotionale Unterstützung, er fühlt sich
einerseits unter Druck durch die Anforderungen, die man an
ihn stellt, und andererseits durch Fannys Hochzeit. Beinahe
verzweifelt schreibt er an seine kleine Schwester: *»Von Glas-*
gow tönt's hinüber, und im Augenblick ist die Entfernung
weg, denn du hast gar keinen Begriff, wie ich Dich liebe, und
wie nahe ich mich Dir denken muss, um froh zu sein, und wie
jede frohe Stunde du mir verschaffst, und wie ich in meinem Le-
ben nie anders denken und fühlen werde. Nie! – Kannst ein di-

ckes Haus auf mich bauen, ich halte fest. Aber es ist sonderbar, dass ich keine Note schreiben könnte, wärst du nicht in der Welt, möchte auch nicht leben.«

Auch wenn Fanny ein klein wenig neidisch ist, als sie diese Zeilen liest, das Band zu ihrer Schwester ist doch zu stark, um ernsthaft gefährdet zu sein. Die Beziehung zwischen Rebecka und Fanny bleibt während ihres ganzen Lebens sehr stark, die meisten Lieder komponiert Fanny für Rebecka. Die Biografin Françoise Tillard schreibt, Mendelssohn-Kenner fokussierten sich oft auf die Beziehung, die die Schwestern zu Felix hatten, das Verhältnis untereinander sei jedoch sehr viel tiefer und andauernder gewesen.

Rebecka ist die undankbare Aufgabe des kleinen Bruders Paul erspart geblieben, eine Karriere im Schatten von Felix zu machen, aber sie musste einen noch höheren Preis dafür bezahlen, als Frau geboren zu sein. Im Gegensatz zu ihrer Schwester ist es ihr nie gelungen, sich einen eigenen Platz oder einen intellektuellen oder musikalischen Freiraum zu erobern. Später in ihrem Leben hatte sie oft Depressionen und andere Krankheiten. Etwas verbittert schreibt sie: *»Meine älteren Geschwister haben mir meinen Künstlerruhm weggestohlen. In jeder anderen Familie würde ich als Künstlerin hoch gepriesen worden sein und vielleicht als Dirigentin einen Kreis beherrscht haben. Neben Felix und Fanny konnte ich zu keiner Anerkennung durchdringen.«*

Es ist elf Uhr am Vormittag des 3. Oktober 1829. Fanny sitzt an ihrem kleinen Schreibtisch in ihrem Zimmer. Die Wände sind in einem warmen Grün gehalten und von Bildern bedeckt. In einer Ecke steht ihr Klavier und wartet darauf, dass sie sich hinsetzt und den Deckel hochklappt. Von heute Abend an ist dies ihr neues Zuhause.

Am Fenster ist Rebecka mit den Blumen der Brautjungfern beschäftigt. Der Duft von Myrte mischt sich mit einem Hauch von Citrus aus einer offenen Eau-de-Cologne-Flasche. Immer wieder hört die Braut Türen schlagen, wenn Menschen mit allerlei Anliegen eintreffen. Neben ihr hängt das Brautkleid mit Schals und Seidenbändern, die Abraham in Rotterdam gekauft und ihr geschickt hat. Aber Fanny glaubt, der Brautschleier in weißer Spitze wird am meisten Aufsehen erregen. Er ist wunderbar, doch Schleier sind in Berlin gerade nicht in Mode, und sie ist immer noch unsicher, ob sie ihn tragen soll.

In ihrem Mund pocht die Wunde von einem schmerzenden Zahn, der ihr vor ein paar Tagen gezogen worden war. Ihr ist außerdem ein klein wenig übel, vor Nervosität und vor Müdigkeit. Fünf Tage zuvor, als ihr klar wurde, dass Felix es nicht schaffen würde, die Musik für die Zeremonie fertig zu bekommen, komponierte sie ein Präludium in F-Dur, ihr erstes Werk für Orgel überhaupt. Sie wartete bis zum Schluss, aber als Felix auch für den Hochzeitsmarsch kein Orgelstück schickte, wurde sie von Panik ergriffen. Abraham schlug Bachs *Pastorale in F-Dur* vor, aber als sie die Partitur fand, konnte Wilhelm sie überreden, eine Idee aufzunehmen, die sie einige Monate zuvor an Felix geschickt hatte.

Um neun Uhr abends, am Tag vor den Festlichkeiten ihrer eigenen Hochzeit, die Gäste sind schon alle da, setzte sie sich hin und schrieb auch den Hochzeitsmarsch. Um elf Uhr nachts ist sie fertig mit einem Präludium in G-Dur, das sie dem Kantor geben wird. Das mächtige Orgelstück weist Züge von Bach auf, der nicht nur alte Zeiten repräsentiert, sondern sie auch an den Bruder erinnert. Und an ihn muss sie denken, jetzt, nur wenige Stunden bevor sie unwiderruflich in ein neues Leben eintreten wird.

Ihr Blick wird ständig von seinem Porträt angezogen, und sie greift zur Feder: »*Ich bin ganz ruhig, lieber Felix, und Dein Bild steht neben mir, aber indem ich Deinen Namen niederschreibe, und Du mir dabei so ganz vor leiblichen Augen stehst, weine ich, wie Du mit dem Magen, aber ich weine. Ich habe zwar immer gewußt, daß nichts kommen könnte, was Dich auch nur für den zehnten Teil eines Augenblicks aus meinem Gedächtnis entfernen könnte, ich freue mich aber, es nun erlebt zu haben, und ich werde Dir morgen, und in jedem Moment meines Lebens dasselbe wiederholen können, und glaube nicht, Hensel damit Unrecht zu tun. Und daß Du mich so liebst, das hat mir einen großen innern Wert gegeben, und ich werde nie aufhören, sehr viel auf mich zu halten, so lange Du mich so liebst.*«

Zum allerletzten Mal in ihrem Leben unterschreibt sie mit *Fanny Mendelssohn Bartholdy*. Dann hat sie keine Zeit mehr für Kontemplation. Die Braut muss angekleidet und geschmückt werden. Fanny, die selbst keine sehr hohe Meinung von ihrem Aussehen hat, schreibt später in ihr Tagebuch, dass sie »*gut aussah*«.

Zwei Wochen später berichtet sie kurz über den Tag, aber ohne die Gefühlsausbrüche, die die Briefe an Felix kennzeichnen. Die Zeremonie fand um sechzehn Uhr statt, in Anwesenheit von Verwandten und Freunden, in der Parochialkirche, unter der Leitung von Pastor Wilmsen. Wussten die Versammelten, dass die Braut selbst die Musik geschrieben hatte, zu der sie ein- und auszog?

Nach der Trauung besuchten sie eine ältere Verwandte, die

nicht hatte anwesend sein können, und dann war es Zeit für das Essen, das zu Hause in der Leipziger Straße 3 eingenommen wurde: »*Dann waren ein paar ängstliche Stunden, und um neun gingen wir auseinander, die Schwestern (Hensels, Minna und Luise) brachten uns noch herüber dann schweige ich.*«

Der Tagebucheintrag handelt natürlich von der bevorstehenden Hochzeitsnacht. Unzählige junge Bräute hatten diese Situation erlebt und ähnliche Gefühle gehabt. Gab es eine Person, der Fanny sich hatte anvertrauen können? Jemanden, mit dem sie ihre Furcht vor dem Fremden und Unausweichlichen teilen konnte? Dem Tagebuch wagte sie nicht mehr als diese vagen Zeilen mitzuteilen. Etwas später schreibt sie, dass die eheliche Intimität zu Beginn schwierig gewesen sei, sich aber gebessert habe.

So ist nun aus Fanny Mendelssohn Bartholdy Fanny Hensel geworden.

XI. Hausfrau – und Musikerin

»Denn Meisterwerke sind keine einsamen Einzelleistungen; sie sind das Ergebnis vieler Jahre gemeinsamen Nachdenkens, des Nachdenkens der Gesamtheit der Menschen, so dass hinter der einzelnen Stimme die Erfahrung der Masse steht.«
Virginia Woolf

Wir befinden uns in den frühen 1830er Jahren, Berlin hat schon bessere Tage gesehen. Verglichen mit London und Paris, ist die preußische Hauptstadt mit ihren 240 000 Einwohnern unbedeutend. Aufgrund der vielen Kleinstaaten mit Grenzen und Zöllen schreitet die Industrialisierung nur langsam voran. Aber immer mehr Menschen ziehen in die Stadt, fünfzehn Jahre später, um 1847, ist die Bevölkerung auf 400 000 angewachsen, Berlin ist die viertgrößte Stadt in Europa.

Aber man ist auf dieses schnelle Wachstum nicht vorbereitet. Im Sommer ist der Gestank fast unerträglich, im Winter bedeckt dicker Schlamm die Straßen. Mit der Kanalisierung des Wassers hat man gerade erst angefangen, Bürgersteige gibt es nicht. Nur die größten Straßen und wenige Haushalte werden von Gaslaternen erleuchtet, abends um zehn ist die Stadt oft dunkel und still. Die Post wird nur zweimal pro Woche ausgetragen. Es gibt zwar eine Art Taxidienst, aber manche Straßen werden nur einmal am Tag angefahren. Berlin ist weit entfernt, eine moderne Großstadt zu sein.

Die Armen schreien nach Brot, und es gibt eine große Unzufriedenheit über die fehlende Meinungsfreiheit. Nach den Karlsbader Beschlüssen, mit denen liberale Bestrebungen unterdrückt werden sollten, gibt es in Preußen eine strenge Zensur, die vor allem die Presse betrifft und Menschen, die vielleicht die gesellschaftliche Ordnung stören könnten. Diese werden überwacht, mit Berufsverboten belegt oder sogar eingesperrt. Unter dem Namen Demagogenverfolgung ist diese Praxis Teil des langen, sich über ganz Europa ausbreitenden Biedermeiers.

Wegen der eingeschränkten Meinungsfreiheit wenden die Wohlhabenden sich von der Politik ab und fliehen in die private Bürgerlichkeit, wo sie sich mit ungefährlicheren Vergnügungen wie Musik und unpolitischem Theater beschäftigen. Verschwunden ist das intellektuelle Gespräch, das den Beginn des 19. Jahrhunderts geprägt hatte. Berlin hat auch nicht die Orchestertradition vieler anderer Großstädte, hier pflegt man eher Chorgesang und natürlich Lieder. Es gibt zwei Orchester, das Berliner Opernorchester und die Königliche Kapelle, aber Konzerte werden im Prinzip nur von privaten Akteuren veranstaltet. Die bekanntesten Treffpunkte sind die Salons bei Amalia Beer, der Mutter des Komponisten Meyerbeer, und bei der Familie Mendelssohn. Das sind die Wasserlöcher in der Stadt, die, so findet der Wissenschaftler Alexander von Humboldt, Bigotterie ohne Religion, Ästhetik ohne Kultur und Philosophie ohne gesunde Vernunft beherbergt.

An diesem Ort also wird sich das neu verheiratete Paar Hensel ein eigenes Leben schaffen. Wilhelm hat zwar eine Anstellung bei Hofe bekommen, aber er kann Fanny nicht den Lebensstandard bieten, den sie gewohnt ist. Man beschließt daher, dass sie in das Mendelssohn'sche Gartenhaus ziehen und also Wand an Wand mit Lea und Abraham wohnen.

Das Gartenhaus ist im Sommer sehr idyllisch, besonders wenn man die Türen öffnen und den Garten in einen riesigen Salon verwandeln kann. Aber das Gebäude hat nur ein Stockwerk, und ist nur ein Zimmer breit, weshalb es im ganzen Haus zieht. Im Winter ist die Temperatur im Haus nie über 14 Grad. Besonders schlimm ist es in dem vermieteten Teil, in dem das Sängerpaar Devrient während eines Jahres logiert. Sie beschweren sich, dass die Kletterpflanzen über die Fenster wachsen, es kommt kein Licht herein und die Luft ist schlecht.

Da Fanny, im Gegensatz zu ihrem Ehemann, aus einer vermögenden Familie kommt, wird, für diese Zeit äußerst ungewöhnlich, ein Ehevertrag aufgesetzt. Ihr Vermögen wird mit 18 613 Talern und zehn Silbergroschen angegeben. Ihr Vater überwacht diesen Fonds und verspricht, in jedem Quartal 5% Zinsen auszuzahlen und zusätzlich 1500 Taler pro Jahr dazuzugeben, solange das Geld unter seiner Vormundschaft bleibt. Im Vertrag ist Gütertrennung vereinbart, Fanny behält also selbst die Kontrolle über ihr Geld. Jedoch unter dem geheimen Vorbehalt, dass sie zum Haushalt beitragen muss, wenn das nötig ist. Sie ist also in Bezug auf ihren Ehemann ökonomisch frei, aber immer noch an ihren Vater gebunden.

Wilhelm arbeitet hart und tut sein Bestes, die Familie zu versorgen. Er hat nicht wegen des Geldes geheiratet, und sie müssen auch nie auf Fannys Vermögen zurückgreifen. Ihr spartanischer Lebensstil passt zu der Beschreibung, die Sebastian Hensel später von seiner Mutter gibt: »*Materielle Ge-*

nüsse waren ihr ziemlich gleichgültig: gut Essen und Trinken, Bequemlichkeiten, Toilette, Luxus aller Art war nicht zu ihrem Leben notwendig; wohl aber Umgang mit gebildeten, klugen Menschen, im kleineren Kreis, und Kunstgenüsse. Ihr Freiheitssinn wurzelt tief in ihrer Natur: gegen den Adel und alle Prätensionen der Geburt und des Geldbeutels verhielt sie sich sehr zurückhaltend.«

Als Sohn hatte er sicher ein etwas idealisiertes Bild von seiner Mutter, aber die Beschreibung passt zu dem, was man aus Fannys Briefen und Tagebüchern herauslesen kann. Sie schreibt nur sehr selten über materielle Dinge. Umso öfter über den geliebten Garten, die Blumenpracht und das Glück, frische Luft einatmen zu können.

Das frischverheiratete Paar plant, sich auf eine längere Hochzeitsreise zu begeben. Wilhelm, der fünf Jahre in Italien gewohnt hat, möchte seiner Ehefrau so gerne das Land zeigen, von dem sie träumt, seit sie als Jugendliche über die Landesgrenze geblickt hat. Es trifft sich nun, dass Felix im Frühjahr 1830 nach Italien reisen soll, und er ist die treibende Kraft hinter dem Plan, zusammen mit den Jungvermählten als auch mit der übrigen Familie Mendelssohn zu reisen. Er konspiriert gegen die Eltern, er weiß, dass sie dagegen sind, besonders Lea, die nicht gerne reist, und er macht Rebecka zu seiner Verbündeten: *»Eine goldene Zeit soll's werden und ein Blumenkranz von Tagen. Wir wollen uns im Vatikan amüsieren, denn hinkommen werdet Ihr und dann ist alles recht hübsch.«*

Fanny ist zögerlich, ihr behagt der Gedanke nicht, das eheliche Leben damit zu beginnen, ein Vermögen auszugeben.

Aus der Reise wird auch nichts. Wie Fanny vermutet hat, weigert Lea sich. Außerdem bekommen zuerst Rebecka, dann Paul und Felix die Masern, sie müssen sich für längere Zeit in Quarantäne begeben und danach erholen. Als Fanny im März die ersten Tritte im Bauch spürt, sind alle Reisepläne vergessen. In ihr herzförmiges Tagebuch zeichnet Wilhelm einen Engel, der über einem schlafenden Kind mit einem Schmetterling spielt, umschlossen von einem Blütenblatt.

Kurz bevor die traditionellen, zwei Monate dauernden »Wochen« beginnen, in denen die Schwangere in Erwartung der Geburt im Bett liegen muss, spürt Fanny, dass etwas nicht stimmt, vermutlich reißt die Fruchtblase. Am 14. Juni beginnt die Geburt, und am 16. Juni 1830, zwei Monate vor dem berechneten Datum, bringt sie einen Jungen zur Welt. Er ist so klein und schwach, dass man erst nicht an sein Überleben glaubt. Wilhelm zeichnet wieder die engelsgleiche Fee ins Tagebuch, dieses Mal verscheucht sie eine böse Fledermaus vom Kind.

Aber der Junge überlebt, Fanny beschreibt ihn bald als rundlich, wundervoll und gesund. Er hat blonde Haare, aber die Augenbrauen hat er von seiner »Frau Mama Kantor«. Sie gibt ihm die Namen Sebastian Ludwig Felix nach ihren drei Lieblingskomponisten (Johann Sebastian Bach, Ludwig van Beethoven und Felix Mendelssohn).

Das Jahr 1830 ist weltpolitisch sehr ereignisreich. In den USA unterschreibt Präsident Andrew Jackson den »*Indian Removal Act*«, der den Beginn der Vertreibung und Internierung der amerikanischen Ursprungsbevölkerung einleitet. Frankreich beginnt mit der Invasion in Algerien, und in Griechenland bekommen Juden die Bürgerrechte. Das *Buch der Mormonen* erscheint, und in Schweden gründet Lars Johan Hierta die Zeitung *Aftonbladet*.

In der Leipziger Straße 3 wird täglich diskutiert, und zwar ziemlich aufgeregt, über die Unruhen in Frankreich, die Ende Juli in einer Revolution eskalieren. Der zutiefst konservative Bourbonenkönig Karl X. muss abdanken und wird durch »Gottes Gnade und den Willen des Volkes« durch Louis-Philippe I. ersetzt. Der Royalist Wilhelm ergreift natürlich die Partei des gestürzten Königs.

Ebenso wie andere Frauen von Stand drückt Fanny nur selten eine politische Ansicht aus – sie und ihre Schwester sind vollauf damit beschäftigt, die Wogen zwischen Wilhelm, Felix und Abraham zu glätten. Die politischen Gespräche, die während der Aufklärung in den Salons zwischen Männern und Frauen geführt wurden und die auch die bürgerliche Öffentlichkeit geprägt hatten, sind schon lange verstummt. Fanny hat eine deutlich liberale Einstellung, sie glaubt an bürgerliche Freiheiten und Rechte und an die Meinungsfreiheit. Sie zeigt ihre Haltung, indem sie, als Huldigung der liberalen Revolutionäre, Bänder in den Farben der Trikolore an die Kleider des kleinen Sebastian näht.

Im ersten Jahr nach der Geburt des Sohns ist Fanny sehr beschäftigt und kommt nicht dazu, Tagebuch zu führen. Zuerst stillt sie ihn selbst, später überlässt sie dies einer Amme. Als sie im März 1831 wieder zur Feder greift, beschreibt sie eine glückliche und liebevolle Zeit. Wilhelm ist aus dem Schlafzimmer ausgezogen, dort schläft jetzt Fanny mit dem Kind und einem Kindermädchen. Aber das Paar hält es nicht aus, nicht zusammen zu sein, sie geht jede Nacht heimlich zu ihm und teilt sein schmales Bett. Sie schläft an seiner Schulter ein. Beide wünschen sie, dass die Nacht kein Ende hat: *»Es kommt uns immer unmöglich vor, dass Liebe und Zu-*

friedenheit noch steigen könnten, und doch ist es so, mit jedem Tage gewinnen wir uns lieber, und jeden Abend sagen wir uns, wie glücklich wir sind.«

Bald ziehen die unzufriedenen Mieter aus, Abraham lässt das Gartenhaus renovieren. Unter anderem wird der vermietete Teil in ein Atelier für Wilhelm umgebaut, damit dieser in der Nähe seiner Familie arbeiten kann. Eine Wand wird entfernt und größere Fenster zum Hof werden eingesetzt, so entsteht ein großer heller Saal mit dem von Künstlern so geschätzten Licht von Norden. Wilhelm dankt seinem Schwiegervater, indem er sich in die Arbeit stürzt. Vom frühen Morgen bis zum späten Abend malt er und hinterlässt über 1000 Porträts in seinem idealisierenden Stil. Die spitzzüngige Fanny kommentiert, er verwandele eine Großmutter in ein Kind.

Seine Porträts bezeugen jedoch auch, wie viele Menschen das Haus besuchen. Er zeichnete oft am Abend – die Besucher lauschten der Musik oder unterhielten sich, und manchmal wussten die Porträtierten auch nicht, dass sie gezeichnet wurden. Unter ihnen war der Komponist Carl Maria von Weber, der Geiger Paganini, der sehr bekannte Komponist Henselt, die Klaviervirtuosen Franz Liszt und Clara Schumann, der Schriftsteller E. T. A. Hoffmann, das Ehepaar Varnhagen, Heinrich Heine, Goethe, der Architekt Schinkel, der Philosoph Hegel, der Wissenschaftler Alexander von Humboldt und der Märchensammler Jacob Grimm.

Während Fanny sich redlich bemüht, in die Rolle als Ehefrau und Mutter hineinzuwachsen, ist Felix ständig auf

Reisen, von Stadt zu Stadt, von Land zu Land. Er möchte herausfinden, wo in Europa er sich niederlassen und seine Arbeit als professioneller Komponist und Dirigent beginnen kann. Auch wenn sie in zwei ganz verschiedenen Welten leben, bittet Felix seine Schwester weiterhin um Rat. Er schickt ihr Partituren, die sie studieren und kommentieren soll, und er bittet sie, Texte zu kopieren und zu übersetzen. Als er in München die Pianistin Delphine von Schauroth trifft, mit der er flirtet und Duette spielt, erinnert er sich an Fanny und schreibt ihr: *»Da fiel mir plötzlich ein, dass wir im Hinterhause ein Frauenzimmer besäßen, das von der Musik doch eine gewisse andere Idee im Kopf hätte, als viele Damen zusammengenommen.«*

Fanny ist jedoch nicht zufrieden mit ihrem Leben. Auch sechs Wochen nach der Geburt des Sohnes hat sie noch nichts komponiert, nicht einmal am Klavier gesessen, wenn sie sich ausruhen sollte. Jetzt, wo sie wieder die Möglichkeit dazu hätte, ist der sonst so beständige Strom von Ideen trocken wie das Wetter. Das ändert sich nicht bis in den Herbst, und nun macht sie sich ernsthaft Sorgen. Bei Felix kann sie da nicht auf Mitgefühl hoffen. Er verweist auf den Brief des Vaters und schreibt, dass sie nun genau so lebt, wie sie soll: *»Aber im Ernst, das Kind ist noch kein halbes Jahr alt, und Du willst schon andere Ideen haben, als Sebastian? (nicht Bach). Freu Du Dich, daß Du es da hast, die Musik bleibt nur aus, wenn sie eben keinen Platz hat, und es nimmt mich nicht wunder, daß Du keine Rabenmutter bist. – Ich wünsche Dir aber doch zu Deinem Geburtstage, was irgend Dein Herz begehrt; ich will Dir also auch ein halb Dutzend Melodien wünschen, es wird aber nichts helfen.«*

Felix spielt auf Abrahams Worte an: Natürlichkeit. Er ist

froh, dass Fanny nicht komponieren kann, denn das zeigt, dass sie eine richtige Mutter ist – will sagen, würde sie Musik schreiben, müsste sie Sebastian vernachlässigen. Vielleicht glaubt er auch, sie habe nicht mehr dieselben Fähigkeiten wie früher. Es gibt eine weit verbreitete Vorstellung, dass Jungfrauen eine kreative Ader haben, die mit der Ehe verschwindet. Fanny gibt keine Ruhe, bis es ihr gelingt, als verheiratete Frau etwas von Wert zu komponieren.

Wenn ihr Bruder kein Verständnis für ihre schöpferischen Bedürfnisse zeigt, so unterstützt Wilhelm sie umso mehr. Jeden Morgen sorgt er dafür, dass sie sich ans Klavier setzt, er stellt ein Notenblatt vor sie hin und bittet sie, etwas zu schreiben, bevor die alltäglichen Pflichten ihre schöpferische Ruhe verscheuchen. Wenn sie fertig ist, ruft sie ihn und spielt Melodien, die vor ein paar Minuten entstanden sind. Fannys Musikzimmer liegt im Anschluss an Wilhelms Atelier, und bald verwandelt das Haus sich in eine künstlerische Oase. Die Wände sind bedeckt mit Kopien von Rafaels *Verklärung Christi*. Um Fannys Klavier herum stehen halb fertige Ölgemälde, Skizzen und Paletten mit feuchten Farben. Wilhelm malt am besten, wenn sie Klavier spielt. Die beiden etablieren bald eine künstlerische Zusammenarbeit, sie vertont seine Gedichte und Gemälde.

Außerdem hat Fanny eine neue Idee. Sie möchte die Sonntagskonzerte wieder aufnehmen, die geruht haben, seit Felix auf Reisen ist. Sie formuliert das nie schriftlich, und vielleicht rührt ihr Mangel an schöpferischer Freude daher, dass sie einerseits kein Publikum hat, das ihre Kompositionen hören kann, und andererseits keinen musikalischen Zusammenhang, bei dem sie Gleichgesinnte treffen kann. Als sie ihrem Bruder von den Plänen berichtet, ist er Feuer und

Flamme und verspricht, etwas Neues zu schreiben, das sie aufführen lassen kann. Als sie ihm des Weiteren berichtet, sie wolle einen kleinen Chor gründen, den sie selbst leiten möchte, und zudem als Klaviersolistin auftreten, antwortet er großzügig, das könne ja nicht schaden, weder ihr noch dem Publikum.

Die Sonntagskonzerte werden eine neue Institution. Fanny erweitert die Salonmusik mit großen Aufführungen, einem variationsreichen Programm und systematischen Proben. Und das vor einem immer größer werdenden Publikum. Die Konzerte sind nicht öffentlich, sondern für besonders geladene Gäste, und es verbreitet sich das Gerücht, dass die Leipziger Straße 3 der Treffpunkt für das Beste ist, was das Berliner Musikleben bieten kann. Mit den Aufführungen, die jeden zweiten Sonntag stattfinden, schafft Fanny sich eine eigene, bedeutsame Arena, ausgehend von den Möglichkeiten, die ihr zur Verfügung stehen.

An einem typischen Sommertag öffnet sich der Gartensaal zum Park, wo elegante Menschen sich treffen. Die Konzertmeisterin sitzt am Klavier, umgeben von dem Chor, den sie genauso präzise und geschickt wie ihr Bruder dirigiert. Wenn die Gäste richtig Glück haben, hat Wilhelm gerade ein Werk abgeschlossen und öffnet die Tür zu seinem Atelier. Sebastian Hensel schreibt später, dass viele klassische Werke den Berlinern zum ersten Mal in Fannys Salon zu Gehör gebracht wurden. *»Meine Sonntagsmusiken prosperieren sehr«*, schreibt die Gastgeberin in ihr Tagebuch.

Angeregt durch das Erklingen der Musik im Haus, erwachen die schlummernden Ideen zum Leben. Fanny hat geheiratet und ein Kind bekommen, und es wäre natürlich gewesen, wenn sie kleinere Sachen komponiert und sie vor der

Familie und engen Freunden aufgeführt hätte. Aber sie widmet sich stattdessen größeren musikalischen Werken. Als wolle sie sich selbst und vielleicht auch Felix beweisen, dass die Ehe ihre Fähigkeiten nicht geschwächt hat, widmet sie sich nun dem, was bisher die Domäne des Bruders gewesen war – großer sakraler Musik. Der Mendelssohn-Experte R. Larry Todd schreibt, dies markiere einen Wendepunkt in ihrem musikalischen Leben, weil sie nun, wenn auch unbewusst, für ein größeres Publikum schreibt, eine Öffentlichkeit. Fünf Jahre bevor ihr Bruder sein erstes großes Oratorium *Paulus* fertigstellt, komponiert sie das fünfunddreißig Minuten lange *Oratorium nach Bildern der Bibel*.

Sie schreibt auch drei Kantaten – sakrale Werke für Chor und Orchester –, vor allem die *Cholerakantate* ist eine »herausragende Leistung« und »demonstriert ihre Fähigkeit, einer großen Form musikalische Kohärenz zu verleihen«. Todd meint, eine musikalische Verwandtschaft mit Felix' Oratorium *Paulus* zu hören, das er erst ein paar Jahre später beginnt. Hat er sich vielleicht von Fanny inspirieren lassen?

Doch auch bei diesem Werk spürt man ihre mangelnde Erfahrung, für das Orchester zu schreiben – sie hat ja nicht die gleiche Schulung oder Routine darin bekommen wie Felix. Die Kritik des Bruders an ihrer ersten Kantate, *Lobgesang*, ist hart, was aber auch zeigt, dass er ihre Arbeiten ernst nimmt: *»Wie in Teufel kannst Du Dich unterfangen, Deine G-Hörner so hoch zu setzen? Hast Du je ein G-Horn das hohe G nehmen hören, ohne daß es gequackelt hätte? Ich frage nur Dies! Und muß bei dem Einsatz der Blaseinstrumente am Ende der Introduction in selbigen Hörnern nicht offenbar e stehen, und schnarren die tiefen Hoboen ebendaselbst nicht alle Schäfer-*

lust und alle Blüthen weg?« Er fügt jedoch hinzu, die Arie sei herausragend und die ganze Komposition gefalle ihm sehr gut: »*Der Frauenzimmerpferdefuß guckt nirgend hervor.*«

Wilhelm hat das vielleicht wichtigste Werk seines Lebens begonnen, das gigantische Gemälde *Christus vor Pilates*, es zeigt die Szene, wo Pilatus seine Hände wäscht, bevor Jesus gekreuzigt wird. Eine viereinhalb Meter hohe und sechs Meter breite Leinwand ist in seinem Atelier aufgestellt worden. Die Arbeit ist physisch sehr anstrengend. Wenn er an den unteren Bereichen arbeitet, muss er sich ständig bücken, ansonsten steht er in unbequemen Stellungen auf einer Leiter. Als er fertig ist, 1834, zeigt das Werk eine Volksmenge von etwa fünfzig Personen, unter anderem eine Mutter und ein Kind, für die Fanny und Sebastian Modell gestanden haben. Als das Werk schließlich ausgestellt werden soll, müssen zwölf Männer es durch die Straßen Berlins tragen und hätten es an einer Treppe fast fallen gelassen. Es wird aufgehängt und nimmt eine ganze Wand ein, in der Garnisonkirche über dem Platz für den Chor. Das Gemälde verbrennt im Jahr 1908 mit der ganzen Kirche.

Im Gartenhaus nimmt eine weitere große künstlerische Arbeit Form an. Während zwei Monaten komponiert Fanny ihr erstes und einziges großes Orchesterwerk, die *Ouvertüre in C-Dur*. In ihrer Tonsprache und der Instrumentierung orientiert sie sich eher am Klassizismus als an der Romantik. Die Komposition beginnt zurückhaltend und etwas tastend, geht dann jedoch in eine festliche, großartige Freude über.

Im Winter 1831 bricht eine Cholera-Epidemie aus. Sie geht zum größten Teil auf schlechte Hygiene und Schmutz zurück, aber bösartige Stimmen beschuldigen, wie schon seit Jahrhunderten, die jüdische Bevölkerung. 2200 Berliner werden angesteckt, 1400 sterben. Der Philosoph Arthur Schopenhauer, der mit ansehen musste, wie sein Rivale Hegel starb, nachdem er infizierte Melonenscheiben gegessen hatte, flieht, ebenso wie viele andere aufgeklärte Männer, aus der Stadt, die er als »*physisch und moralisch ein vermaledeites Nest [...] dieses vertrocknete Berlin*« bezeichnet. Die Cholera verbreitet sich rasch im übrigen Europa.

Mehrere Mitglieder der Familie Mendelssohn stecken sich ebenfalls an, Fanny, die wieder schwanger ist, trifft es zum Glück nicht. Auch die anderen werden wieder gesund, viele Berliner haben nicht so viel Glück. Einer von denen, die in der Folge an der Cholera versterben, ist Karl Friedrich Zelter, der Lehrer der Geschwister, Tante Jette und auch ein enger Freund von Felix, der Geiger Eduard Rietz. Im gleichen Jahr stirbt auch Goethe nach einem Herzanfall, und im Jahr darauf stirbt Rahel Varnhagen, die Gastgeberin des bekannten Salons. Fanny stellt eine traurige Rechnung all der Freunde und Bekannten auf, die sie verloren haben.

Spät im September 1832 scheint etwas mit Fannys Schwangerschaft nicht zu stimmen. Sie bekommt Bettruhe verordnet, und als Wilhelm einen Monat später wieder eine engelsgleiche Fee mit Kind zeichnet, hängen die Flügel des Engels herab und das kleine Kind liegt mit dem Gesicht nach unten. Fanny schreibt in ihr Tagebuch: »*Von Ende September an musste ich liegen, und nun begann eine sehr traurige Zeit für mich [...]. Den 1. November kam ich mit einem toten Mädchen nieder.*«

Fanny ist schwach und niedergeschlagen. Sie kann weder komponieren noch Sonntagskonzerte veranstalten oder Klavier spielen. Felix hat seine dreijährige Europareise beendet und ist wieder in Berlin. Um seine Schwester aufzuheitern und dem Willen seiner Eltern zu folgen, ergreift er die Initiative, und im Januar 1833 werden die Konzerte wieder aufgenommen. Er nimmt Fanny das Versprechen ab, sie nie mehr aufhören zu lassen. Es dauert nicht lange, und sie sitzt wieder auf ihrem Klavierhocker.

Felix muss sich nun endlich entscheiden, wo in Europa er sich niederlassen möchte. Abraham wünscht sich Paris, aber Felix, der gerade dort war, ist enttäuscht. Im Unterschied zu England und Deutschland wurde seine Ouvertüre zu *Ein Sommernachtstraum* sehr kühl aufgenommen, man zieht dort modernere Musik Bach und Beethoven vor. Er ist viel Lob gewohnt und erträgt es nicht, mit anderen Größen verglichen zu werden, die die Stadt besuchen und die besser anzukommen scheinen als er selbst – Cherubini, Hummel und Moscheles und die Romantiker Chopin, Liszt und Berlioz.

Nach einer weiteren, sein Selbstvertrauen aufbauenden Reise nach England, wo das Publikum ihn, wie schon früher, wie einen Gott verehrt, entscheidet er sich doch für Deutschland, weil hier sein Herz zu Hause ist und er die besten Möglichkeiten hat. Außerdem hat er sich selbst einen Auftrag gegeben – den Grund zu legen für ein Orchesterleben, so großartig wie in Paris. Er erwägt, sich in seiner Heimatstadt Berlin niederzulassen, weiß aber noch nicht, ob es hier Möglichkeiten für ihn gibt – die wenigen Orchester haben ihre Leiter, die an ihren Posten kleben.

Aber dann öffnet sich unerwartet eine Tür. Als sein Mentor Zelter an den Folgen der Cholera stirbt, wird der Posten des Leiters der Singakademie frei. Felix zögert – Verleger zerren an ihm, und er ist nicht besonders scharf darauf, an der konservativen Akademie hängen zu bleiben, wo er schon so viel Zeit verbracht hat – aber die Familie macht Druck. Sie überreden ihn, sich um den Platz zu bewerben, überzeugt davon, die Verwaltung würde über einen Kandidaten wie Felix ganz außer sich geraten. Er ist nicht nur seit jungen Jahren Mitglied, war Zelters Lieblingsschüler, und hat seinen Lehrer schon oft vertreten. Er ist auch ein herausragender Komponist und Dirigent, hat die schwierige *Matthäuspassion* auf seiner Meritenliste, geschrieben von dem Bach, dessen Wesen der ganzen Akademie zugrunde liegt.

Aber bei der Abstimmung im Januar 1833 gewinnt der ältere und stabile, aber mittelmäßige Rungenhagen mit 148 Stimmen gegen 88 für Felix. Rungenhagen ist eine sichere Karte, er wird im Gegensatz zu Felix nicht auf Reisen und Tourneen gelockt. Eduard Devrient erwähnt jedoch das Gerücht, eine christliche Bastion wie die Singakademie könne keinen Sohn eines Juden als Leiter haben.

Felix fühlt sich unglaublich gedemütigt. Als er das Angebot bekommt, stellvertretender Leiter zu werden, bittet er sie mehr oder weniger unverblümt, sich zum Teufel zu scheren. In der Singakademie versucht man, die Situation zu beruhigen, indem man Werke von Felix in das Konzertprogramm aufnimmt, aber der junge Komponist vergibt ihnen nicht und kehrt nie wieder zurück. Danach verlässt auch die übrige Familie Mendelssohn die Singakademie. Damit geht für Fanny eine der wenigen musikalischen Plattformen in Berlin verloren.

Das Gefühl von Verrat und Demütigung wird durch einen Briefwechsel befördert, der im gleichen Jahr erscheint. Es ist eine Auswahl von 850 Briefen, die während dreißig Jahren zwischen Zelter und Goethe gewechselt wurden, sie erscheinen zwischen 1833 und 1834 in sechs Bänden. Die Mitglieder der Familie Mendelssohn-Hensel sind sehr neugierig. Da Abraham unter grauem Star leidet und nicht mehr lesen kann, versammelt die Familie sich vor dem Kamin und verabreicht die Briefe in kleinen Dosen. »Als bittere Medizin«, fügt Fanny später hinzu.

Denn statt der erwarteten Konversation auf hohem kulturellem Niveau wird hier ein oft kleinlicher und klatschhafter Dialog geführt. Die Briefeschreiber äußern sich abfällig über die jüdische Herkunft der Familie Mendelssohn, und Zelter insinuiert, Abraham habe sich am Unglück anderer Menschen bereichert. Vor der ersten Begegnung von Felix mit Goethe präsentiert Zelter ihn als Sohn eines Juden und unterstreicht, wie ungewöhnlich es sei, dass »so einer« Künstler werden könne.

Fanny ist außer sich und beklagt sich bei ihrem Bruder: *»Eigentlich habe ich heute angefangen Dir zu schreiben, um einmal mein Herz über den Zelterschen Briefwechsel auszuschütten, über den ich in einer fortwährenden stillen Empörung bin. [...] Es tut mir wirklich Zelters wegen leid, der sich selbst hier auf eine so schlechte Art auf die Nachwelt bringt. Goethes Ruf kann erstlich schon eher einen Puff vertragen, und dann sind seine Briefe unendlich viel besser als Zelters [...] von Zelters Seite herrscht darin eine unangenehme fatale Gesinnung, die wir zwar immer bei ihm vermuten konnten, die wir uns aber immer wegräsoniert haben, hier ist sie aber unabweislich geworden. Eigennutz, Selbstsucht, eine ekelhafte Vergötterung Goethes, ohne eigentliche verständige Würdigung [...] macht mir dieses Buch* *ordentlich verächtlich [...] Mir hat dieses Buch das Andenken an einen Mann, den ich lieb gehabt habe, und gern geachtet hätte, ganz und für immer getrübt.«*

Dass sie so einen Mann als Paten für Sebastian ausersehen hat! Und das Gerede! Mindestens so sehr wie die Briefe befeuert es Fannys Wut. Die Familie Mendelssohn hat alles getan, um sich vom Klatsch fernzuhalten, sich anzupassen. Besonders die Frauen sind dazu erzogen worden, alles zu vermeiden, was zu Gerede Anlass geben könnte, das war einer der Gründe, warum Fannys Musik ins Haus gesperrt wurde. Und nun werden sie dem Entsetzen und Gespött der Öffentlichkeit ausgesetzt. *»Es beleidigt mich von Anfang bis zum Schluss, dass in einem Land ohne Pressefreiheit, wo also die zur Öffentlichkeit bestimmten Personen sich der Öffentlichkeit entziehen, harmlose Privatpersonen so plötzlich, wie von Räubern aus dem Busch angefallen, [...] ihnen die Ehre abgeschnitten wird.«*

Felix verlässt kurz darauf Berlin, um eine Zeitlang als Dirigent in Düsseldorf zu arbeiten. Damit hat Berlin die Person verloren, die die Stadt aus ihrer musikalischen Mittelmäßigkeit hätte heben können. Übrig ist Fanny, die ihr Bestes tut, um die Leerstelle zu füllen.

***

Am 28. Oktober 1833 berichtet Fanny in ihrem Tagebuch von den fünf letzten Sonntagsprogrammen. Beethoven steuerte sechs Werke bei, Weber vier, Felix drei, und Bach und Mozart wurden mit je zwei Werken aufgeführt. Sie lässt auch eine eigene Komposition spielen, das szenische Konzert *Hero und Leander*, zu einem Text von Wilhelm. Eine der Sängerinnen ist die Sopranistin Pauline von Schätzel, die dankbar Fannys Salon entdeckt hat, denn seit sie geheiratet hat, kann sie nicht mehr öffentlich auftreten. Fanny ihrerseits weiß es zu schätzen, mit einer professionellen Musikerin zu arbeiten, denn die Qualität der übrigen Mitwirkenden ist sehr unterschiedlich. Die beiden werden gute Freundinnen.

Die Besucher können Pauline von Schätzel Arien aus *Fidelio*, *Don Giovanni* und der *Zauberflöte* singen hören, von Fanny am Klavier begleitet. Zwischen den »richtigen« Werken unterhält Fanny das Publikum als Solopianistin, zum Beispiel mit Bachs Konzert in d-Moll, mit Beethovens *Kreutzersonate, op. 47*. Die sehr zeitraubende Arbeit spornt Fanny an, ihr Selbstvertrauen wächst. In einem Brief an Felix platzt sie fast vor Stolz, und man versteht auch, dass sie sich gestattet, zu träumen, wie es wäre, sich wie er aus vollem Herzen der Musik widmen zu können: »*Ich habe in dieser Zeit sehr viel einzustudieren und zu musizieren gehabt, könnte ich nur einmal eine Sache mit so viel Proben einüben, als ich wollte, ich glaube wirklich, ich habe Talent dazu, und auch es den Leuten deutlich zu machen, aber die Dilettanten!*«

Bei den Sonntagskonzerten kann Fanny sich nicht nur als Pianistin und Komponistin zeigen. Sie hat bisher kleinere Gruppen und ihren Chor vom Klavierhocker aus dirigiert, aber im Juni 1834 darf sie sich mit zitternden Knien vor ein ganzes Orchester stellen. Ihr Salon hat Besuch vom Ensemble des Königstädter Theaters. Als sie ihre *Ouvertüre in C-Dur* aufführen, übergibt der Dirigent den Taktstock an Fanny. Sie schreibt hinterher, »*hätte ich mich nicht so entsetzlich geschämt, und bei jedem Schlage geniert, so hätte ich ganz ordentlich damit dirigieren können*«.

Aus ihren früheren Aussagen über sich selbst kann man

schließen, dass sie eine gute Arbeit gemacht hat. Das Publikum war jedenfalls sehr zufrieden und versprach, am nächsten Sonntag wiederzukommen. Das Königstädter Orchester wollte ihr zu Diensten stehen, wann immer sie es wünschte, im Gegenzug bot sie ihnen einen Ort zum Proben an. »*Da ist mir denn mit einem Mal ganz unerwartete Freude zu Teil geworden*«, bemerkt sie abschließend.

Für Fanny sind die Sonntage auch eine Gelegenheit, neu geschriebene Musik von Felix auszuprobieren. Zum Beispiel lässt sie beim letzten Konzert im Jahr 1834 einige neue *Lieder ohne Worte* aufführen, die er ihr ein paar Tage zuvor geschickt hatte, vermutlich als Weihnachtsgeschenk. Nach der Aufführung vor Publikum macht sie Felix aufgrund der Reaktionen einige Änderungsvorschläge. Als er ihr später den langsamen Satz seiner italienischen Symphonie nach Korrekturen in der Einleitung zeigt, protestiert Fanny: »*Die Änderung in der ersten Melodie gefällt mir nicht recht, warum hast du sie gemacht? Um das viele A zu vermeiden? Die Melodie war aber natürlich und* schön [...]. *Bring mir doch alles mit, wenn du herkommst, dann können wir darüber disputieren.*«

Aus diesen Jahren stammen die aus musikalischer Sicht interessantesten Briefe zwischen Fanny und Felix. Sie tauschen Kompositionen, Überlegungen und Ideen aus. Beide berichten über ihre Vorhaben und Gedanken zu Programmen und Aufführungen sowie über das Dirigieren – er der Profi, sie die Amateurin, jedoch mit dem gleichen Blick für musikalische Qualität.

Als Fanny die Partitur zur Konzertouvertüre des Bruders *Die schöne Melusine* nach der Legende über die Wassernymphe bekommt, spielt sie das Stück immer wieder, bis sie es fast auswendig kann. Sie entdeckt jedes Mal neue intrikate Details, aber auch Stellen, die verbessert werden müssen. Zum Beispiel eine Partie, wo ein schön klingendes A auf ein C-Dur folgt, was die ganze Stelle herunterzieht. Felix antwortet, er werde einige ihrer Vorschläge übernehmen.

Manchmal streiten sie auch. Zum Beispiel, als Fanny meint, Paganini habe die Art, Violine zu spielen, für immer verändert, worauf Felix lange und existenziell ausführt, etwas Gutes sei immer gut, sogar wenn der Engel Gabriel selbst das Instrument hielte. Fanny gibt zu, ein gutes Konzert hänge sicher nicht von der Mode ab, argumentiert jedoch: heute wird ein Violinkonzert doch nicht so gespielt wie zur Zeit ihrer Geburt? Und wer verändert und entwickelt den künstlerischen Ausdruck, wenn nicht die großen Talente?

Sie haben jedoch beide, und ganz besonders Fanny, Probleme mit dem neuen Trend der Virtuosen. Für Fanny und Felix darf die Technik sich nie auf Kosten des Inhalts entwickeln, die Virtuosität kein Ziel an sich sein. Sie sehen sich selbst als Boten für die gute Musik, sie verachten das Vergöttern einzelner Musiker, die mehr auf Sensation spielen, als das Beste in einem Werk hervorzuheben. Nach einem Konzert, bei dem unter anderen der sehr beliebte Klaviervirtuose Adolph von Henselt spielte, schreibt sie: »*Die Variationen eigener Kompositionen, die Henselt zum Schluss spielte, fand ich bei aller Schwierigkeit so wenig brillant, und so hässlich, dass sie mich sehr degoutierten, wie überhaupt das ganze Konzertwesen. Von diesen drei Klavierspielern hat keiner ein ordentliches Konzert, keiner mit Begleitung gespielt, sondern Etüden, Variationen und so weiter.*«

Sie wohnen zwar nicht mehr unter einem Dach, aber Felix weiß die Ansichten und das Urteil seiner Schwester immer noch sehr zu schätzen. In Düsseldorf hat er niemanden, der sein Werk so wie sie beurteilen kann: »*Der Kantor mit den dicken Augenbrauen fehlt mir.*« Während seiner Abwesenheit muss sie zum Beispiel dem Verleger Schlesinger bei der Herausgabe der *Symphonie Nr. 1 op. 11* als Ratgeberin zur Seite stehen.

Aber auch wenn er sie um Rat fragt, so ist es nicht mehr wie in den alten Zeiten, als sie wusste, was er dachte, manchmal, bevor er es selbst wusste. Fanny träumt sich immer wieder in die Vergangenheit. Der Bruder und Freund fehlt ihr: »*So ist es doch ein ander Ding, wenn man zu Hause zusammen ist, du mir einen ganz frischen Gedanken herüberbringst, und mir nicht sagen willst, wozu er ist, den Tag darauf den zweiten, den dritten Tag dich mit der Durchführung quälst, und ich dich tröste, wenn du meinst, du könntest nun gar nichts mehr schreiben, und am Ende das Werk dasteht, dass man meint, man habe Teil daran. Die hübschen Zeiten sind freilich längst vorüber.*«

Abraham ist jetzt fast blind. Er kann sich mit Mühe in einem Raum orientieren, aber er braucht ständig Hilfe. Fanny und Rebecka tun, was sie können, und sehen zu, dass immer jemand bei ihm ist. Fanny liest ihrem Vater jeden Morgen die Zeitung vor.

Am 15. November 1835 sitzt er im Publikum im Gartenhaus. Zwei schwierige Kantaten von Bach werden aufgeführt, mit Chor und vier Solisten, eine Aufführung, »*bei der ihr Vater meinte, die Sache sei so groß und hoch angefangen, sie könne sich nicht so halten«.*

Am gleichen Tag führt er eine lebhafte Diskussion mit dem Schriftsteller Karl August Varnhagen über die von der Aufklärung inspirierte Bewegung *Junges Deutschland*. Varnhagen schätzt einige junge Namen mehr als den besten Freund von Moses Mendelssohn, Gotthold Ephraim Lessing. Ein heftiger Streit folgt, er endet damit, dass Varnhagen das Haus verlässt und Abraham sehr erregt ist.

Mit Ausnahme dieses Ausbruchs ist Abraham jetzt aufgrund des Alters und der Krankheit geduldiger und weniger barsch. Sein deftiger Humor hat ihn jedoch noch nicht verlassen. Am 18. November spielt Fanny ein paar Etüden von Cramer, die gar nicht nach dem Geschmack des Vaters sind. Fanny schreibt Felix am gleichen Tag: *»Ich versicherte ihm indes, er müsse sie alle hören, sonst machtest du mich Weihnachten tot, und er mache mich vor Weihnachten tot, wenn ich sie alle spiele, sagte er. Welchen Todes soll ich nun sterben?«*

Abraham hat sich einen Husten zugezogen. Am Morgen des 19. November wird die Familie mit dem Bescheid geweckt, dass er über Nacht krank geworden ist. Ärzte untersuchen ihn und kommen zu dem Schluss, dass keine akute Gefahr bestehe und man nicht an Felix schreiben und ihn beunruhigen müsse. Er hat ein paar Monate zuvor seine neue Position in Leipzig angetreten, er ist jetzt musikalischer Leiter des renommierten Gewandhausorchesters.

Am Vormittag will Abraham sich hinlegen und ein Weilchen ruhen. Eine halbe Stunde später ist er tot. *»Ein schönes, beneidenswertes Ende, und ich bitte Gott um ein Gleiches, und will mich mein ganzes Leben lang bemühen, es zu verdienen wie er es verdiente«*, schreibt Fanny später in ihr Tagebuch.

Die Geschwister und Lea haben einen geliebten Vater und Ehemann verloren. Abraham hatte sehr großen Einfluss auf seine Kinder, ganz besonders auf Felix, der seine Ansichten und seine Kritik geradezu aufsog, obwohl der Vater nicht einmal besonders musikalisch gebildet war. Sie waren sich in den letzten Jahren nähergekommen, Felix sieht Abraham als seinen Lehrer sowohl im Leben als auch in der Kunst. Wie sollen sie ihm die schreckliche Nachricht überbringen?

Wilhelm bietet sich an, nach Leipzig zu reisen. Zwei Tage später kehrt er mit dem unter Druck stehenden und nervösen Schwager zurück, der weder sprechen noch weinen kann. Die anderen Geschwister haben ihre Familien. Felix muss in seine leere Wohnung zurückkehren, um das weiterzuführen, was zum großen Teil im Auftrag von Abraham begonnen wurde.

Ein paar Wochen später, am 11. Dezember, dem Geburtstag von Abraham, schreibt Fanny an Felix: »*Der heutige Tag wird dir schwer sein, wie uns. Er ist aus einem heiteren Freudentag zu einem ernsten memento mori geworden. Allein das Glück haben wir gehabt, und nichts kann uns die Erinnerung daran rauben. Haltet mein Andenken in Ehren. Das tun wir und wollen versuchen es so zu tun, dass wir unser Leben lang ein Beispiel vor Augen haben, d. h. in seinem Sinne handeln.*«

Um diesen Wunsch zu erfüllen, arbeitet Felix intensiv an seinem Oratorium *Paulus*. Fanny hingegen stellt ihre Konzerte ein. Sie schreibt auch nicht mehr in ihr Tagebuch, sie nimmt erst dreieinhalb Jahre später die Feder wieder in die Hand.

Abrahams Willen stirbt jedoch nicht mit ihm. Es war er und nicht Lea, der Fanny gedrängt hat zu heiraten und der ihre musikalischen Ambitionen gedämpft hat. Jetzt, wo er nicht mehr lebt, übernimmt Felix die Rolle des Aufpassers. Und er beweist sehr bald, dass er der Sohn seines Vaters ist.

XII. Trennung

»Fehlende Aufmerksamkeit negiert das Leben – ob man
nun Fenster putzt oder sich bemüht, ein Meisterwerk
zu schreiben.«
Nadia Boulanger

Nach den Kantaten und der Ouvertüre komponiert Fanny
ihr erstes und einziges Streichquartett. Es ist in Es-Dur,
sie hat sich von Beethovens *Harfenquartett, op. 74* in der gleichen Tonart inspirieren lassen. Sein Werk hat seinen Namen
von der harfenähnlichen Art zu spielen, dem *pizzicato*, wobei der Spieler die Saiten mit den Fingern anreißt, was auch
Fanny in ihrem Scherzo verwendet. Auch wenn sie offen zu-
gibt, wer das Vorbild war, hört man eine Freiheit und eine
Lust, mit Form und Ausdruck zu experimentieren.

Danach fühlt sie sich ein wenig leer. Was soll sie mit ihrem
Werk machen? Wer könnte es spielen? Sie schickt es im
Winter 1834 als Weihnachtsgeschenk an Felix, mit der Hoffnung, dass er das Quartett aufführt. Ihr Bruder ist jedoch
nicht allzu beeindruckt. Er hat selbst zwei Streichquartette
geschrieben, eine Werkform, die oft als besonders anspruchsvoll und männlich codiert angesehen wird. Ihm gefällt ihr
Scherzo, es ähnelt seiner Art, zu komponieren, und auch
das Thema des dritten Satzes. Aber er kritisiert, wie sie die
Strukturen behandelt, meint, sie sei zu schwebend.

Fanny kann sich nicht beherrschen, es ihm heimzuzahlen.
Sie meint, in Felix' Arien Manieriertheit zu ahnen, sein Stil
sei manchmal sehr einfach, was für ihn nicht natürlich sei,

das Werk verliere so an Ernsthaftigkeit. In Bezug auf ihr eigenes Quartett dankt sie für die Kritik und liefert eine sehr nachvollziehbare Erklärung für ihre Mängel. »*Es ist nicht sowohl die Schreibart, an der es fehlt, als ein gewisses Lebensprinzip, und diesem Mangel zufolge sterben meine längeren Sachen in ihrer Jugend an Altersschwäche, es fehlt mir die Kraft die Gedanken gehörig festzuhalten, ihnen die nötige Konsistenz zu geben. Daher gelingen mir am besten Lieder wozu nur allenfalls ein hübscher Einfall ohne viel Kraft der Durchführung gehört.*«

Fanny schätzt also ihr Talent für Lieder nicht sehr hoch ein, als eine Kunstart von »hübschen Einfällen ohne viel Kraft der Durchführung«. Aber vor allem vergleicht sie sich mit Felix, sie weiß genau, wie verschieden seine und ihre Voraussetzungen sind, und sie ist damit überhaupt nicht zufrieden. Er kann Wochen, Monate und Jahre damit zubringen, ein Werk zu vollenden. Diese Möglichkeit hat Fanny nicht.

Außer ein paar Stunden am Morgen halten die täglichen Pflichten sie beschäftigt. Sebastians Erziehung ist zwar erheblich freier als die der Geschwister Mendelssohn, er spielt neben dem Klavier seiner Mutter im Musikzimmer. Fanny schreibt später, er sei sehr talentiert, aber seine Eltern würden nicht versuchen, ein »Wunderkind« aus ihm zu machen. Aber er ist erst vier Jahre alt und unterbricht sie oft. Es gibt niemanden, der sich um ihn kümmern könnte. Fanny muss auch oft nach ihrer Mutter schauen, sie hat immer wieder »Attacken« mit erhöhtem Puls und einem Gefühl von Schwäche. Es ist nicht klar, ob es eine richtige oder eingebildete Krankheit ist. Leas Zustand verschlechtert sich, wenn sie sich aufregt, wie jetzt, als sie sich wieder einmal der Wahl der Partner ihrer Kinder widersetzt. Vor einiger Zeit war es

Rebeckas Verlobung mit dem Mathematiker Dirichlet, die Lea nicht billigte. Jetzt ist es Pauls Zuneigung zu Albertine Heine. Fanny und ihre Schwester müssen immer ein wachsames Auge auf die Mutter haben und sie, wenn nötig, beruhigen. Außerdem werden Visiten gemacht oder entgegengenommen, im Prinzip täglich. Sie hat nur selten längere Zeit der Muße für ungestörtes Komponieren.

Fanny hat zwei Monate lang an dem Streichquartett gearbeitet, was eine lange Zeit ist, verglichen mit ihrer üblichen Arbeitsweise. Sie schreibt danach fast zehn Jahre lang keine größeren Werke mehr. Das *Streichquartett in Es-Dur* wird erst 1988 veröffentlicht. 180 Jahre nachdem es komponiert wurde, vergleicht der Cellist Raphaël Merlin vom Quatuor Ébène Fannys Quartett mit dem von Felix.

»*Es ist vielleicht noch schwieriger, auf einer Bühne zu vermitteln, weil der vierte Satz so physisch ist. Hier findet beinahe ein Kampf zwischen widersprüchlichen Gefühlen statt. Das ist sehr vergleichbar mit dem, was Schumann zu jener Zeit komponierte.*«

Kurz vor Abrahams Tod war Felix nach Leipzig umgezogen, um die Stelle als Dirigent des Gewandhausorchesters anzutreten. Zu Fannys großer Freude, weil er so näher an Berlin war. Sie wartet auf die versprochene Eisenbahn zwischen den beiden Städten. »*[…] wenn es erst Eisenbahn zu dir giebt, lade ich Dich früh ein, u. Du kommst Mittag, u. isst ein Lieblingsgericht.*«

In den meisten größeren Städten spielen sich die musikalischen Aktivitäten an den Höfen ab. In Leipzig, dem Zentrum für Kommerz und Handel, hat die Musik eine eigne Fakultät an der Universität, die großen Kantoren an der Thomas- und Nikolaikirche haben den Grund für eine starke Tradition in der Kirchenmusik gelegt. All das führt dazu, dass die Musik eher für die Bürgerschaft als für die Aristokratie gespielt wird.

Im Jahr 1743 gründeten sechzehn Kaufleute die Konzertvereinigung *Das große Concert*, es bestand aus Musikern aus dem Adel und der normalen Bevölkerung. Etwa vierzig Jahre später baute man einen Konzertsaal und änderte den Namen in »Gewandhaus«, er lag im ersten Stock des Messehauses der Tuchwarenhändler. Hier wurden viele bekannte Werke der klassischen Musikgeschichte uraufgeführt, wie Beethovens *Kaiserkonzert*, drei Symphonien von Robert Schuman, Brahms' *Violinkonzert* und auch einige Werke des größten Dirigenten des Orchesters, Felix Mendelssohn. Bis 1936 stand eine Statue von ihm vor dem Haus, dann wurde sie im Dunkel der Nacht von Nationalsozialisten zerstört.

Zu Beginn des Jahres 1836 hat Fanny es noch nicht geschafft, ihren Bruder in seiner neuen Heimatstadt zu besuchen. Sie hat das Gefühl, er entferne sich mit jedem Schritt, den er auf der Karriereleiter macht, von ihr, von ihrer Musik. Sie schreibt an ihn: »*Meine Wohnung ist wunderhübsch, mit den schönen Kupferstichen, Noten, Instrument und Schreibtisch, es ist mir aber doch nicht so ganz heimlich drin, weil du es nicht kennst, und es gehört gar zu notwendig zu meinem Leben, dass du alles darin kennst und gut heißest, darum ist es mir auch so leid, wirklich nicht aus Eitelkeit, dass ich dir schon so lange nichts Musikalisches recht habe zu Dank machen können. Habe ich es denn früher wirklich besser gemacht, oder warst du nur leichter zu befriedigen?*«

Felix antwortet, ihre Musik könne nicht mehr so fließen wie früher, jetzt, wo es andere und wichtigere Dinge gibt, an die sie denken muss, und es sei besser so. Er schreibt auch, sie sei ungerecht und natürlich würde er ihre neueren Werke zu schätzen wissen. Er kenne kein besseres Lied als ihr englisches in g-Moll oder den Schluss des *Liederkreises*.

Als er sie kurz darauf bittet, den Klavierauszug zu seinem Oratorium *Paulus* zu kopieren, den sie schon hat, ergreift sie die Gelegenheit und bringt die Kopie persönlich zu ihm. Vielleicht hat sie die Hoffnung, dass sie wieder zueinanderfinden und er mehr Interesse für sie und ihre Musik aufbringt. Sie besucht ihn in der gemieteten Wohnung, im großen Hauptgebäude in Reichels Garten gelegen, mit Aussicht auf Bachs Arbeitsplatz in der Thomaskirche. Aber das liebevolle geschwisterliche Zusammensein will nicht so recht gelingen.

Felix ist meist fröhlich und gut gelaunt, kann jedoch, wenn er unter Druck steht, nervös und reizbar werden. Diese Charakterzüge werden in den Monaten nach dem Tod des Vaters und der anstrengenden Arbeit mit dem Oratorium stärker. Vielleicht spürt er auch immer noch die Konkurrenz aus der Jugendzeit und ärgert sich, wenn seine Schwester nicht in ihrer kleinen Sphäre bleibt, sondern sich in seine drängen möchte.

Am letzten Abend geraten sie tüchtig aneinander, nachdem Felix ihr empfohlen hat, keine Kirchenmusik mehr zu schreiben, er meinte, sie habe kein Talent dafür. Als Fanny wieder in Berlin ist, verbringt sie eine ganze Woche damit, all ihre sakralen Werke zu spielen. Vieles davon, wie Chorpartien und Arien aus der *Choleramusik*, findet sie richtig gut. Bitter schreibt sie an Felix: »*Ich bin misstrauisch gewor-*

den, *wie wohl ich im Allgemeinen glaube, es jetzt besser machen zu können, als damals, und mich schon daran gemacht hätte, einiges umzuarbeiten, wenn nicht Dein Interdict mich störte.*«

Für Felix gibt es nichts Schlimmeres, als sich mit der Schwester zu streiten. Er antwortet reumütig: »*Hätte ich dich doch nur nicht den letzten Abend und Morgen so angebrummt! Es ist sonderbar, solange wir zusammen waren, dachte ich kaum daran, aber so wie ich allein im Wagen saß, fiel mir's schwer auf's Herz, und ich hätte mich prügeln mögen. Ich weiß wohl, dass du mir's verzeihst aber ich hab's mir selbst immer noch nicht recht entschuldigen können.*«

Paulus ist fertig. Im Mai 1836 wird Felix das mächtige Oratorium zur Aufführung bringen, beim Niederrheinischen Musikfest in Düsseldorf, dessen Direktor er in den letzten Jahren gewesen ist, bevor er in Leipzig verpflichtet wurde. Mit diesem Werk erwirbt er sich die Aufnahme in den Kreis der europäischen Musikelite, und es gelingt ihm galant. Er ist jetzt einer von den ganz Großen, braucht sich nichts mehr zu beweisen. Das Oratorium wird im Herbst 1836 publiziert, hat 1837 in England Premiere und wird dann in ganz Europa und sogar in den USA aufgeführt.

Während der Arbeit an *Paulus* hat Felix sich oft an seine Schwester gewandt und sie sowohl um ihre Meinung als auch um Hilfe bei praktischen Dingen gebeten. Ihre Briefe enthalten ausführliche Analysen und sie kritisiert bis zum Schluss seine Entscheidung, eine lebhafte Chorpartie herauszunehmen. »*Er wollte nichts davon wissen, und wurde endlich, da ich gar nicht davon aufhören wollte, ernstlich böse,*

ich glaube aber noch heut recht zu haben, der Chor ist wunder-
schön, und war da, wo er stand, ganz an seinem Platz, und Felix
hat ein unnötiges Opfer gebracht«, schreibt sie in ihr Tagebuch.

Bei der Uraufführung ist sie in der großen, holzgetäfelten
Halle anwesend, sie singt sogar als Alt in einem der Chöre
mit. Auch ohne mit ihnen geprobt zu haben, sie kennt das
Werk sehr gut. Als eine der Solistinnen den Faden verliert,
summt Fanny ihre Partie, bis sie wieder hineingefunden hat.

Fanny hört nun auch zum ersten Mal Beethovens noch relativ unbekannte *Neunte Symphonie*, sie wird, wie es sich
gehört, mit einem ganzen Orchester aufgeführt und nicht
nur für Klavier arrangiert. In einer Stadt ohne Symphonie-
orchester hat sie keine Gelegenheit, solche Konzerte zu hören. Fanny ist hingerissen: *»Diese kolossale 9. Symphonie, die*
so groß und zum Teil so abscheulich ist, wie nur der größte Mann
sie machen kann, ging wie von einem exekutiert: die feinsten
Nuancen, die verstecktesten Intentionen kamen an den Tag,
die Massen sonderten sich, sie ward verständlich, und ist denn
also wirklich zum größten Teil hinreißend schön.«

Und immer wieder wird sie zerrissen zwischen Genuss,
solche Musik hören zu können, und ihren Pflichten als Ehefrau und Mutter. Möglicherweise hat jemand – Felix oder
jemand anders – eine Bemerkung gemacht, dass sie »allein«
reist. Auf dem Heimweg nimmt sie sich fest vor, nicht mehr
ohne ihre Familie zu verreisen.

Vielleicht hat es sie auch geschmerzt, so ein lebhaftes Musikleben zu sehen, wo sie selbst doch nicht mehr daran denken kann, größere Werke zu komponieren und sie vor Publikum zu spielen. Das Musikleben in Berlin ist so jämmerlich
wie nie zuvor. Es werden immer wieder die gleichen Werke
gespielt und immer gleich schlecht. Fanny hört lieber Musik,

die sie noch nicht kennt, dann muss sie sich wenigstens nicht darüber aufregen, wie man sie zerstört. Nach einer Aufführung von Händels *Israel in Ägypten* ist sie enttäuscht. *»Kein einziger Stimmeneintritt in der ganzen Musik ging gut, und wer sie nicht vorher kannte, war nicht im Stande auch nur eine Ahnung davon zu bekommen.«*

Auch ihr eigenes musikalisches Netzwerk ist geschrumpft. Felix ist nicht mehr Teil ihrer Welt, Rebecka ist mit ihrer Familie beschäftigt und hatte gerade eine Fehlgeburt. Die Sopranistin Pauline von Schätzel, die für Fanny sehr wichtig war, hat mehrere schwierige Schwangerschaften hinter sich und lässt die Musik ruhen. Fanny unternimmt einige tapfere Versuche zu Sonntagskonzerten, aber im Jahr nach Abrahams Tod werden es nicht mehr als eine Handvoll. Sie fühlt sich vollkommen isoliert und hat keine Lust mehr, zu komponieren. Klingemann, der Freund der Familie, der beiden, Fanny und Felix nahesteht, bekommt ihre Frustration zu spüren, nachdem er versucht hat, sie aufzumuntern, und ihr berichtet, wie beliebt ihre Lieder in London sind.

»Ich kann aber nicht unterlassen zu sagen, wie angenehm es mir ist, in London für meine kleinen Sachen ein Publikum zu finden, das mir hier ganz fehlt. Dass sich jemand hier etwas abschriebe oder nur eine Sache zu hören verlangte, das kommt kaum einmal im Jahr vor, namentlich seit der letzten Zeit, und seit Rebecka nicht mehr singen mag, liegen meine Lieder durchaus ungehört und unbekannt da, und man verliert am Ende selbst mit der Lust an solchen Sachen das Urteil darüber, wenn sich nie ein fremdes Urteil, ein fremdes Wohlwollen entgegenstellt. [...] Meine eigne und Hensels Freude an der Sache lässt mich indes nicht ganz einschlafen, und dass ich bei so gänzlichem Mangel an Anstoß von außen dabeibleibe, deute ich mir selber

wieder als ein Zeichen von Talent. Und nun genug von diesem uninteressanten Gegenstand.«

Hier drückt sie vielleicht am deutlichsten ihren Schmerz über die künstlerische Einsamkeit aus. Aber sie benennt auch selbst, was sie weitermachen lässt und was dazu beigetragen hat, dass ihr Name in den letzten Jahrzehnten immer bekannter wurde – dass sie trotz des Fehlens von äußerer Motivation nicht aufgegeben hat. Für Felix und seinesgleichen lag der Ansporn, Musik zu komponieren, auch in den Erwartungen des Umfelds und des Publikums. Niemand, außer vielleicht Wilhelm, hat Fanny gebeten, weiter zu komponieren. Mancher hätte es sogar lieber gesehen, wenn sie ganz aufgehört hätte. Es muss eine innere Triebkraft gegeben haben, die sie weitermachen ließ.

Anstelle von Kantaten, Orchesterstücken und Streichquartetten arbeitet Fanny, auch Felix zuliebe, in diesen Jahren an einer Reihe von Klavierstücken. Weniger zu gefallen scheint ihm jedoch, dass sie die Stücke zur Veröffentlichung vorbereitet, sie arrangiert sie nach Nummern für ein Album. Als Felix sie fragt, ob sie etwas Neues geschrieben habe, antwortet sie: *»Ein halb Dutzend Klavierstücke. […] hast Du Zeit, so spiele sie einmal durch, oder lass sie durch einen Deiner Schüler spielen, und lass mir etwas darüber sagen. Ich habe so viel von der Natur Deines Schülers dass es mir immer am besten gelingt, wenn Du mir sagst: mach doch das oder das. Ich bin in der letzten Zeit wieder viel angegangen worden, etwas heraus zu geben. Soll ich's tun?«*

Sie haben lange um dieses Thema gekreist. Jetzt hat sie sich getraut, die Frage zu stellen. Felix dankt für die Klavierstücke und schreibt, es sei ungewöhnlich, dass neue Musik ihm so durch und durch gefalle. Er behält jedoch, ohne näher darauf einzugehen, seine »alten Bedenken« gegenüber ihrem Wunsch, sie zu veröffentlichen. Wilhelm hingegen ist positiv eingestellt. Fanny bezieht sich auf die Fabel von Buridans Esel, der zwischen zwei Heuhaufen steht und sich nicht entscheiden kann, welchen er fressen soll. Am Ende verhungert der Esel.

In allen anderen Angelegenheiten richtet sie sich natürlich nach den Wünschen ihres Mannes, aber wenn es um Musik geht, braucht sie die Zustimmung ihres Bruders. Sie veröffentlicht also keine Klavierstücke.

Die zehn Stücke werden erst lange nach ihrem Tod herausgegeben, was Felix jedoch nicht daran hindert, sich von ihnen inspirieren zu lassen. R. Larry Todd hat große Ähnlichkeiten mit Fannys Stücken festgestellt: das dramatische und rasche *Allegro con brio, f-Moll (Nr. 4)* und das melodiöse *Andante, G-Dur (Nr. 2)* und zwei von Felix' *Lieder ohne Worte*; in *g-Moll, op. 53* und in *G-Dur, op. 62 Nr. 1*.

Besonders deutlich sind die Ähnlichkeiten in Letzterem, es ist in der gleichen Tonart, und die einleitenden Melodien sind fast gleich. Todd schreibt, es sei nicht klar, ob es sich um eine bewusste Übernahme handelt oder ob Felix, nachdem er Fannys Stück gespielt hatte, die Melodie im Kopf behalten und dann als eigenen Einfall verwendet hatte. Aber die Ähnlichkeiten sind zu groß, als dass es ein Zufall sein könnte, und zusammen ergeben die beiden Stücke den Urtyp des Mendelssohn-Stils.

Ihre eng verflochtene Musikalität war doch sehr verwurzelt.

Im März 1837 schreibt Fanny ein *Andante con espressione* in B-Dur. Kurze Zeit darauf bekommt sie ein Exemplar der *Sechs Präludien und Fugen für Klavier, op. 35* von Felix, die kürzlich erschienen sind und die sie noch nie gehört hat. Eines dieser Präludien, auch in B-Dur, erinnert sehr an ihre eigene Komposition, was sie erstaunt. Bruder und Schwester haben unabhängig voneinander und im Prinzip gleichzeitig zwei fast gleiche Stücke geschrieben. Fanny macht sich Sorgen, man könnte sie des Plagiats bezichtigen, und ändert einiges, um die Ähnlichkeiten zu tilgen. Aber sie schickt Felix die Originalpartitur, damit er sie sehen und vergleichen kann. Er antwortet: »*Gestern habe ich dein Präludium no. 6 aus B-Dur zu meiner Fuge aus B-Dur erhalten, denn es ist wirklich dasselbe tale quale, und mich an dem netten Zusammentreffen ergötzt. Ist es nicht seltsam, dass zuweilen musikalische Ideen in der Luft herumzufliegen scheinen und sich da und dort niederlassen? So ist es hier nicht bloß die gleiche Figur, Bewegung und Anlage, die mich erstaunt, sondern namentlich gewisse Kleinigkeiten, die gar nicht im Thema zu liegen scheinen, d. h. in den Noten, und doch darin sind, d. h. in der Stimmung, und die sich also auch bei uns beiden so auffallend wiederholen. Zum Beispiel dies Forte in C-Moll, wie es bei dir in Oktaven kömmt und dann nach Des geht, und dann namentlich die Wiederholung piano am Ende. Es ist gar zu lustig. Nebenbei ist es hübsch dass unsere Gedanken einander so nahe bleiben.*«

Zu Beginn des Jahres 1837 veröffentlicht der Musikverlag Schlesinger ein Album mit dem Titel *Original-Compositionen für Gesang und Piano.* Darin gibt es tatsächlich ein Lied von Fanny, *Die Schiffende,* aus dem Jahr 1827, und auch ein Duett von Felix. Es ist das erste und einzige Mal, dass die Namen der Geschwister zu ihren Lebzeiten gedruckt nebeneinanderstehen. Was dazu geführt hat, ist nicht klar. Vielleicht hat Fanny sich vom Verlag überreden lassen. Wollte Felix seine Schwester besänftigen, als er ihr einen überschwänglichen Brief über die Veröffentlichung dieses einen ungefährlichen Liedes schreibt. *»Weißt du denn, Fenchel, dass dein A-Dur-Lied in Schlesingers Album Furore hier macht? Dass die Neue Musikalische Zeitung (ich meine ihren Redakteur, der in meinem Hotel mit isst [Robert Schumann]) für dich schwärmt? Dass alle sagen, es sei das Beste im Album, was ein schlechtes Kompliment ist, denn wo ist sonst etwas Gutes? Dass sie es aber wirklich goutieren? Bist du nun ein rechter Autor und macht Dir das auch Plaisir?«*

Nachdem das Lied in einem seiner Konzerte in Leipzig aufgeführt wurde, schreibt er: *»Und ich meinesteils bedanke mich im Namen des Publikums zu Leipzig und anderen Orten, dass du es gegen meinen Willen doch herausgegeben hast.«*

Felix scheint erleichtert zu sein, dass endlich ein Werk von ihr publiziert wurde und sie das Thema damit ad acta legen können. Fanny ist jedoch keineswegs begeistert, weder über die Veröffentlichung noch über das Lob von Felix. Sie findet den Wirbel darum eher abstoßend. Seine Frage, »bist du nun ein rechter Autor«, nachdem sie an die hundert Lieder und Klavierstücke geschrieben hat, außerdem eine Ouvertüre, ein Quartett und mehrere Kantaten, empfindet sie als erniedrigend.

XIII. Felix sagt nein

Freunden sing und deinem Schmerz,
denn Lorbeer ist dir nicht beschieden;
im Schatten bleib und sei's zufrieden.
Lady Winchilsea

Am 28. März 1837 heiratet Felix Cécile Jeanrenaud, Tochter eines Hugenottenpastors aus Frankfurt. Die Hochzeitsmusik ist das Orgelpräludium, das Felix für Fanny begonnen hatte, jedoch nicht fertigstellen konnte.

Cécile und Felix hatten sich ein Jahr zuvor kennengelernt. Man erzählt sich von ihr, dass sie wunderschönes goldbraunes Haar hat, betörende dunkelblaue Augen mit dunklen Wimpern und Augenbrauen. Abraham hatte den Verdacht gehegt, Felix sei zu anspruchsvoll und würde deshalb keine Frau zum Heiraten finden, aber die schöne und anmutige Cécile hat offenbar seinen Forderungen entsprochen. *»Ich bin so entsetzlich verliebt wie noch niemals in meinem Leben, und ich weiß nicht, was ich anfangen soll«*, schreibt er an Rebecka, sie ist, mehr als Fanny, seine Vertraute in solchen privaten Angelegenheiten.

Cécile ist hübsch, charmant und mädchenhaft und in vielerlei Hinsicht das Gegenteil von Fanny. Aber sie malt, und Fanny konstatiert, die Beziehung ihres Bruders ähnele der eigenen mit Wilhelm: Die Komponisten haben ihre Künstler gefunden, und wie das Ehepaar Hensel arbeiten Felix und Cécile zusammen. Immer wieder schreibt Fanny, wie sehr sie sich wünscht, Cécile vor der Hochzeit zu treffen, sie möchte sie sehen, wenn sie noch ein Mädchen ist. Sie spielt damit auf die zuvor erwähnte Vorstellung an, dass Mädchen sich verändern, wenn sie keine Jungfrauen mehr sind. *»Auch Cécile sähe ich gar gern als Braut, und mit ihrer Mutter und Schwester. Sie wird nachher gewiss nicht weniger liebenswürdig, aber sie wird anders sein.«*

Aber Felix kommt nicht mit seiner Braut nach Berlin. Er hat schließlich miterlebt, mit welcher Strenge Lea die Lieben von Fanny, Rebecka und Paul behandelt hat. Fanny hat dennoch das Gefühl, übergangen und beleidigt worden zu sein. Man hat ihr nicht nur den Bruder weggenommen, er hat selbst einen Schritt weg von ihr getan. Er fragt nie nach Sebastian oder Wilhelm, ermuntert sie nicht in Bezug auf die Musik. Sie hat hohe emotionale Anforderungen an ihn, und Felix, der mit Druck nur schlecht umgehen kann, weder in der Musik noch in Beziehungen, antwortet, indem er sich zurückzieht.

Niemand aus der engeren Familie ist bei der Hochzeit anwesend. Lea ist kränklich und kann nicht reisen, Paul kann seine Arbeit in der Bank nicht verlassen, und Rebecka und Fanny sind beide wieder schwanger. Letzterer ist strenge Bettruhe verordnet worden, und kurz nach der Hochzeit von Felix hat sie ihre zweite Fehlgeburt. Fanny ist erstaunt, denn bisher ist es ihr sehr gut gegangen. Sie ist froh, nicht nach Leipzig gereist zu sein, wie sie es vorhatte, denn dann hätte sie sich die Schuld »wegen meines Unfalls« geben müssen.

Trotz ihrer ständigen Überredungsversuche dauert es noch Monate, bis sie Felix' Frau treffen kann. Zuerst ist das Paar auf Hochzeitsreise, dann verbringen sie den Sommer in Frankfurt bei Céciles Familie. Im September reisen die frisch Vermählten nach England, wo Felix das Oratorium *Paulus* inszenieren und sein neues Klavierkonzert in d-Moll aufführen wird.

Fanny schreibt: »*Wenn du an die Zeit zurückdenkst, wo wir beständig zusammen waren, wo ich jeden Gedanken so gleich erfuhr, der dir durch den Kopf ging, und deine neuen Sachen auswendig wusste, ehe du sie einmal aufgeschrieben, und wenn du dich erinnerst, dass unser Verhältnis schon durch die gemeinsame musikalische Beschäftigung ein gewiss auch unter Geschwistern seltenes war, so wirst du mir zugeben, dass es gerade für mich eine seltsame Entbehrung ist, dich Jahr und Tag auf eine Weise beglückt zu wissen, wie ich sie immer so lebhaft für dich gewünscht habe, und deine Geliebte, deine Frau gar nicht einmal zu kennen.*«

Fannys Briefe an Felix aus den Jahren 1828 und 1829 sind von beinahe romantischer Zärtlichkeit geprägt, die Jahre 1834 und 1835 von einer tiefen musikalischen Beziehung, in den Jahren 1836 bis 1838 zeigt sich eine deutliche Entfremdung zwischen den Geschwistern. In ihrem musikalischen Verhältnis herrscht Ungleichgewicht, Fanny scheint stark unter dem Einfluss ihres Bruders zu stehen. Die Rollenverteilung der Kindheit hat sich umgekehrt. Sie nennt Felix ihren Lehrer und nimmt selbst den Platz als Schülerin ein, sie schlägt einen ausweichenden und selbstverleugnenden Ton an. Das selbstsichere und kompetente Mädchen Fanny, das sich ihrer Stärke und Kompetenz bewusst war, legt als erwachsene Frau ihr Künstlertum ganz in die Hände ihres Bruders. »*Ich weiß zwar nicht genau, was Goethe mit dem dämonischen Einfluss meint [...] doch so viel ist klar, dass wenn dergleichen existiert, Du es in Bezug auf mich ausübst. Ich glaube, wenn Du mir unlängst vorschlägst, ein guter Mathematiker* zu werden, so würde ich keine besondere Schwierigkeit darin finden, ebenso wie ich morgen keine Musik mehr würde machen können, wenn du meintest, ich könne keine machen. Nimm Dich daher mit mir in Acht.«

Lea sieht, wie Fanny in ihrer Isolation verkümmert, und nimmt die Sache schließlich selbst in die Hand. Sie ist eine intellektuelle Frau und eine gute Pianistin, die ihr ganzes Leben als Hausfrau verbracht und immer gemacht hat, was man von ihr erwartete. Jetzt handelt sie gegen die Überzeugungen ihres verstorbenen Mannes. Lea schreibt an Felix: »Gestatte mir, eine Frage zu stellen. Sollte sie nicht eine Auswahl Lieder u. Klavierstücke herausgeben? Seit einem Jahr etwa hat sie, besonders im letzten genre viel ganz vorzügliches gemacht; vielleicht nicht ohne die ihr vorschwebende Idee deiner ersten Lieder ohne Worte, die eben so gut auf Präludien, Studien, Handstücke u. s. w. weiter passen könnten und die äußerst anmuthig, brillant und originell und für fertige Spieler von unbezweifelter Grazie wären. Der Grund, dass du sie nicht dazu aufgefordert und ermuntert hast, hält sie allein zurück. Wärs daher nicht billig, dass du ihr Muth machtest und auch Gelegenheit verschafftest, einen Verleger zu finden?«

Aber nicht einmal als seine Mutter ihn bittet, lässt Felix sich erweichen. Er antwortet ihr und fordert sie auf, den Brief zu verstecken, damit Fanny oder Wilhelm ihn nicht zu Gesicht bekommen. »Und zu einer Autorschaft hat Fanny, wie ich sie kenne, weder Lust noch Beruf, dazu ist sie Zu sehr eine Frau, wie es recht ist, erzieht den Sebastian und sorgt für ihr Haus, und denkt weder ans Publikum, noch an die musikalische Welt, noch sogar an die Musik, außer wenn dieser erste Beruf erfüllt ist. Da würde sie das Druckenlassen nur drin stören, und ich kann mich eben einmal nicht damit befreunden. [...]

Wenn sich Fanny aus eigenen Antriebe oder Hensel zu Gefallen dazu entschließt, bin ich wie gesagt bereit ihr behilflich zu sein soviel ich nur vermag, aber ermuntern zu etwas, das ich für nicht recht halte, das kann ich nicht.«

Deutet man diese Stellungnahme wohlwollend, könnte man sie als Versuch ansehen, die Schwester vor dem Stress zu bewahren, unter dem er selbst als Komponist und öffentliche Person gelitten hat. Er macht sich auch über ihren Gesundheitszustand Sorgen, er weiß, dass »*Fanny gerade auch oft an schwachen Nerven zu leiden hat*«. Fanny hatte gerade eine Fehlgeburt, und vielleicht will er sie aus Rücksicht nicht in eine Welt hineinziehen, in der es hart zugehen kann.

Die Wissenschaftlerin Marian Wilson Kimber verteidigt Felix' Handeln, sie meint, das Narrativ von heute über Fannys unterdrückte Musik sei feministisch geprägt und könne nicht auf ihre Zeit angewendet werden. Felix' Einstellung in seinen Briefen, die typisch für das Bürgertum des 19. Jahrhunderts sei, zeige vor allem, dass er sich aus der Diskussion heraushalten wolle.

Felix hat generell nichts gegen Künstlerinnen. Im Gegenteil, er ermunterte andere Komponistinnen und zollte ihnen und ihren Fähigkeiten Anerkennung, vielleicht mehr als viele seiner zeitgenössischen Kollegen. Und doch wird in seinen Briefen deutlich, dass es ihm am liebsten wäre, wenn Fanny einem konservativen preußischen Frauenideal nacheifern würde. Eine andere Interpretation ist, dass er immer noch, vielleicht sogar unbewusst, von der tiefsitzenden Rivalität zwischen den Geschwistern beeinflusst ist und fürchtet, auf einer psychologischen Ebene mit der Schwester in eine Konkurrenzsituation zu geraten.

Was auch immer der Grund gewesen ist, es ändert nichts

am Ergebnis: Hätte Fanny nur einen Teil der Unterstützung und Hilfe von Felix bekommen, die sie ihm hat zuteilwerden lassen, dann hätte ein Teil der Musikgeschichte sehr wohl anders aussehen können.

Im Februar 1838 soll in Berlin ein Wohltätigkeitskonzert stattfinden. Ein für die Zeit typisches Konzept, bei dem Amateure auftreten und die doppelt so hohen Eintrittspreise wie bei normalen Konzerten den Armen zugutekommen sollen. Auf der Bühne stehen Gräfinnen, Botschaftergattinnen und Offiziere, und als Frau von Stand und zudem für ihre Musikalität bekannt, wird Fanny eingeladen, mitzuspielen. Sie ist dreiunddreißig und wird zum ersten Mal öffentlich auftreten.

In den Tagen vor dem Konzert stellt sie zu ihrer Verwunderung fest, dass sie gar nicht nervös ist. Sie ist es gewohnt, vor sehr kritischen und kenntnisreichen Ohren zu spielen, wenn auch unter dem Etikett »privat«. Aber sie mag es nicht, unter Amateuren aufzutreten, die für sie eine »*Masse von kleinen Eitelkeiten, großen Prätensionen, bedeutender Unliebenswürdigkeit*« sind. Sie hat absolut nichts für Dilettantismus übrig, schon gar nicht, wenn er sich brüstet. Zum Glück tritt auch die berühmte Sängerin Clara Novello auf, die schon mehrmals bei Fannys Konzerten gastiert hat. Über sie schreibt Fanny nach dem Auftritt – und sie hätte ebenso gut von sich sprechen können – es sei »*eine poetische Freiheit, sie unter die Dilettanten zu rechnen*«.

Vor dem großen Tag schreibt Felix aufmunternd: »*Du spielst ja im Consert! Bravisississisimo. Das ist nett u. prächtig;*

könnte ich's hören!« Vielleicht war das Auftreten mit einem einzigen Stück bei einem Wohltätigkeitskonzert ebenso wie die Veröffentlichung eines einzigen Liedes der Kompromiss, den Felix eingehen konnte. Eine Öffentlichkeit, gewiss, aber doch sehr begrenzt und »feminin«.

Fanny behält die Ruhe, sie weiß, es kann kaum schiefgehen, wenn man das ansonsten so schreckliche Repertoire bedenkt. Sie beschreibt es, wie wenn jemand ein Essen auf folgende Weise zusammengestellt hätte: »*Suppe, Gurkenwasser, Beefsteak, ein Bonbon, Gemüse im Baiser, Fisch (komme ich dazwischen mit einem ordentlichen Stück, weil ich ihm durchaus seinen Willen nicht habe tun wollen, und auch ein Stück von einem Dutzend Takten spielen.) Braten: ein Stück Zucker, Dessert: alles Obige.*«

Ihr Auftritt wird mit einigen Zeilen in der Musikzeitschrift *AMZ* (*Allgemeine musikalische Zeitung*) erwähnt: »*Hierauf trug eine Schwester des Komponisten das Konzert für Pianoforte von F. Mendelssohn-Bartholdy in G Moll rapid und sicher vor.*«

Das ist der erste von sehr wenigen öffentlichen Auftritten, die Fanny in ihrem Leben macht. Vielleicht ist es auch ein Zeichen für eine größere Veränderung. Auch wenn ihre Kompositionen größtenteils für die Schreibtischschublade geschrieben werden, hat sie als Arrangeurin die Grenze zwischen dem Privaten und dem Öffentlichen ein wenig geöffnet. Als die Singakademie, die seit 1833 niemand aus der Familie Mendelssohn-Hensel mehr besucht hat, das Oratorium *Paulus* aufführen will, verpflichten sie Fanny als Beraterin bei den Proben. Sie rät nachdrücklich davon ab, die Orgel mit einer Tuba zu verdoppeln, es würde alle Stellen, an denen sie vorkommt, in Trinklieder verwandeln. Nachdem sie eine Probe besucht hat, schreibt sie in ihr Tagebuch: »*Und mir dachte, wenn Du nun da oben säßest, ginge das Ding doch gleich*«, damit meint sie sich selbst und das Dirigentenpult.

Auch ihre Sonntagskonzerte sind, ganz entgegen Abrahams Wunsch, immer größer und imponierender geworden. Sie lässt Teile aus *Paulus* aufführen, bevor das Werk bei der Singakademie Premiere hatte, sie bringt also das Oratorium den Berlinern erstmals zu Gehör. Der Gartensaal ist übervoll, viele Besucher müssen abgewiesen werden. Die Sänger haben kaum Platz zum Stehen, schon gar nicht zum Sitzen.

Im Sommer führt sie das Werk noch einmal auf, jetzt kann sie die Glaswände zum Park hin öffnen. Es sind über dreihundert Gäste gekommen – und keineswegs nur Freunde der Familie –, man serviert Erfrischungen und verteilt Kopien des Librettos. Fannys kleine Veranstaltungen sind so etwas wie ein Mini-Festival geworden.

Die Ouvertüre wird als Duett mit Fanny und Rebecka am Klavier aufgeführt. Danach betritt der fünfzig Personen große Chor die Bühne, begleitet von Fanny, einem Cello und einem Kontrabass. Sie dirigiert von ihrem Platz am Klavier aus, es ist, als würde sie das innerste Wesen des Werkes einfangen. Ihre Stirn glänzt. Sie ist ganz tief in der Musik, es gelingt ihr, das Gefühl auch an die Sänger und das Publikum zu übertragen. Ein Wink ihres kleinen Fingers berührt die Zuhörer wie ein elektrischer Schlag, heftiger als ein Dirigentenstab es je vermocht hätte. Wenn sie Felix' Meisterwerk aufführt, scheint die kleingewachsene Fanny plötzlich größer zu werden.

XIV. Fanny und Clara

»Eine komponierende Frau ist wie ein Hund, der auf
den Hinterbeinen steht, es macht sich nicht gut, aber
man ist erstaunt, dass es überhaupt möglich ist.«
Cecil Gray, *A survey of Contemporary Music*

Als Felix 1835 nach Leipzig kommt, besucht er umgehend
den Klavierlehrer Friedrich Wieck. Bei ihm zur Untermiete
wohnt der Komponist, Verleger und Musikkritiker Robert
Schumann. Felix interessiert sich jedoch mehr für die Tochter des Hauses, die junge, begabte Pianistin und Komponistin Clara Wieck, die er einige Jahre zuvor flüchtig in Paris
kennengelernt hatte.

An ihrem 16. Geburtstag nimmt er an den Feierlichkeiten
teil, er und das Geburtstagskind spielen zusammen und für-
einander. Ein paar Wochen später leitet Felix das Gewandhausorchester bei der Premiere des Klavierkonzerts in a-Moll
der jungen Clara, die auch die Solistin ist. Die beiden führen
ihre Zusammenarbeit fort und spielen oft zusammen, sowohl auf dem Konzertpodium als auch in den Salons. Manchmal, wenn Felix nicht selbst an einer Veranstaltung teilnehmen kann, bittet er Clara, für ihn einzuspringen. Auf einen
Brief von ihr mit der Frage, ob er mit ihr spielen wolle, antwortet er: »*Sie wissen, dass ich ja aller Zeit immer dazu bereit
bin, und Ihnen immer danke, wenn Sie mir die Freude zeigen
wollen, etwas mit mir zu spielen.*«

Vielleicht nimmt sie ein wenig Fannys Platz ein, jetzt, wo
die Geschwister nicht mehr in der gleichen Stadt wohnen

und sie sich nur noch sehr selten sehen. Robert und Clara bewundern den neuen Leiter des Leipziger Musiklebens sehr, den Mann, der alles zu haben scheint – Genialität, Reichtum, Charme, Erfolg. Der etwas eifersüchtige Robert notiert, »*ein schönes Wort von M. macht sie stundenlang glänzen*«. Wenn seine Eifersucht überhandnimmt, betont er schon einmal, Felix sei trotz allem der Sohn eines Juden und gehöre deshalb nicht auf ein Piedestal. Clara stimmt Robert wie immer zu, aber sie ist dennoch entzückt. In ihrem Tagebuch schreibt sie 1838, nachdem sie den Virtuosen Sigismund Thalberg gehört hat: »*Als Spieler steht er groß da, doch über Allen steht – Mendelssohn.*«

Clara Wieck, später Schumann, war die bekannteste und beste Konzertpianistin ihrer Zeit, aber sie war auch Komponistin und Zeitgenossin Fannys. Es ist deshalb interessant, sie nebeneinander zu betrachten, um zu sehen, was ihre jeweiligen Lebensschicksale über die Voraussetzungen für das musikalische Schaffen von Frauen im Deutschland des 19. Jahrhunderts erzählen können. Die eine geboren in eine weniger gut gestellte, die andere in eine sehr gut gestellte Familie, hatten sie unterschiedliche Voraussetzungen und waren ganz verschiedenen Erwartungen ausgesetzt. Auch das Publikum, für das sie Musik schufen und vorführten, war sehr unterschiedlich. Aber die allgemeine Einstellung zur Kreativität von Frauen galt für sie beide, ebenso wie die Angst, Schande über sich selbst und ihre Familie zu bringen. Ihre Genialität in Kombination mit der Abhängigkeit von einem nahestehenden männlichen Komponisten macht sie trotz unterschiedlicher äußerlicher Voraussetzungen zu Seelenverwandten.

Schon bevor Clara Wieck zur Welt kommt, bestimmt ihr Vater, dass sie eine berühmte Klaviervirtuosin werden soll. Sie wird am 13. September 1819 in Leipzig geboren. Sie ist klein und zart mit einem herzförmigen Gesicht, dunklen mandelförmigen Augen und einem vorsichtigen Lächeln, das manchmal spöttisch aufblitzt. »*Es ist, als wisse das Kind eine lange, aus Lust und Schmerz gewobene Geschichte zu erzählen, und dennoch – was weiß sie? – Musik*«, schreibt eine unbekannte Quelle, von der Friedrich Wieck vermutet, dass es ein faszinierter Heinrich Heine war, über die dreizehnjährige Clara.

Unter strenger Überwachung und Disziplin studiert sie Musiktheorie, Komposition, Klavier und Orchestrierung. Während Fanny schon früh von den mütterlichen Musikstunden zu einem professionellen Lehrer wechselt, lernt Clara das meiste, was sie über das Leben und die Musik weiß, von ihrem Vater. Die übrigen Kinder sind ihm mehr oder weniger gleichgültig, Clara ist sein Augenstern und sein Lebensprojekt. Sie ist sein Alter Ego und soll seinen Wunsch nach wahrem Virtuosentum verwirklichen, wozu er selbst nicht talentiert genug war. Um das zu erreichen, dressiert er sie wie einen Zirkushund, beispielsweise überwacht er nicht nur ihr Tagebuchschreiben, er schreibt auch selbst in ihr Tagebuch, so, als wäre er seine Tochter.

Ihren ersten Auftritt hat sie als Achtjährige, bei einer Veranstaltung in der Heimatstadt. Einer der Zuhörer ist der acht Jahre ältere Robert Schumann, der so hingerissen ist, dass er sein Jurastudium aufgibt, um sich dem zu widmen, was er als seine eigentliche Berufung ansieht, die Musik, und er bittet Claras Vater um Unterrichtsstunden. Er wohnt zur Untermiete im Wieck'schen Haus, und Clara und Robert finden einander direkt. Eine musikalische Beziehung, nicht unähnlich der zwischen Fanny und Felix, nimmt ihren Anfang.

Im Jahr 1837 heiraten Robert und Clara trotz des großen Widerstands ihres Vaters. Im Gegensatz zu Abraham ist er der Meinung, dass eine Ehe die sorgfältig geplante Laufbahn seiner Tochter zerstören wird. Clara ist zu diesem Zeitpunkt eine der führenden Pianistinnen Europas, sie wird von zeitgenössischen Komponisten wie Liszt, Chopin und auch Felix Mendelssohn bewundert. In Wien verleiht man ihr, obwohl sie Protestantin, Ausländerin und eine Frau ist, den sehr angesehenen Titel *Königliche kaiserliche Kammervirtuosin*. Der Kaiser macht sie außerdem zum *Wundermädchen*.

Keine andere Frau kommt auch nur in die Nähe ihrer Position als Konzertpianistin und niemand, weder Frau noch Mann, hält diese so lange wie sie – 61 Jahre. Im Jahr 1878 wird im Gewandhaus ein Konzert veranstaltet, um 50 Jahre Clara Schumann als Musikerin zu feiern. Der Saal ist mit grünen und goldenen Kränzen und Girlanden aus Eichenlaub geschmückt. Als die Jubilarin die Bühne betritt, überschüttet das exaltierte Publikum sie mit Blumen.

Für die Nachwelt ist Clara vor allem als Pianistin und Ehefrau von Robert Schumann berühmt. Aber sie war auch eine sehr kompetente Komponistin, worauf man eigentlich erst in jüngster Zeit mit dem wachsenden Interesse für Frauengeschichte und Genderstudies aufmerksam wurde. Sie hatte großen Einfluss auf ihre Zeit und das Musikleben, sowohl als Pianistin als auch als Komponistin.

Clara schrieb hauptsächlich für Klavier oder für Sologesang mit Klavierbegleitung. Schöne zarte Melodien, in einer originellen Tonsprache, die bisweilen in Komplexität und Stärke explodiert. Sie komponierte auch Werke für eine größere Besetzung, wie ihr Klavierkonzert in a-Moll für großes Orchester, das sie schon als Vierzehnjährige begann. Eines ihrer Meisterwerke ist ihr Klaviertrio in g-Moll von 1846.

Genau wie Fannys Musik immer mit der ihres Bruders verglichen wurde, hat man in Claras Werk Einflüsse ihres Mannes und anderen zeitgenössischen Komponisten gesucht. Ihre Musik wird oft als »Chopinesque« oder »Schumannesque« beschrieben. Wie bei Fanny können Ähnlichkeiten, die man zwischen Claras und Roberts Musik findet, nur auf der Inspiration durch ihn beruhen, oder, noch schlimmer, sie hat ihren Mann kopiert. Aber genau wie in der Beziehung zwischen Fanny und Felix hat die neuere Forschung gezeigt, dass die musikalischen Ideen auch zwischen den Eheleuten Schumann hin- und herflossen. Genau wie Fanny und Felix haben sie sich mit musikalischen Spielen amüsiert und private Mitteilungen in ihren Kompositionen versteckt.

Bis zu einem gewissen Grad haben Clara und Fanny selbst dazu beigetragen, die jeweiligen Männer als dominierend erscheinen zu lassen, sie haben wohl versucht, die eigenen Ambitionen zu glätten.

Ein ähnliches Muster sieht man darin, wie Fanny ihre Kompositionen benennt, etwa wie unterschiedlich Schwester und Bruder ihre größeren Werke nannten. Felix gab seinen zwei Oratorien die Namen *Elias* und *Paulus*, Fannys Oratorium – für Orchester, Chor und Solisten – bekam den trockenen und anonymen Titel *Oratorium nach Bildern der Bibel*. Seine Ouvertüren taufte Felix *Ruy Blas, Die schöne Melusine* und *Meeresstille und glückliche Fahrt*, Fannys hingegen hießen schlicht Ouvertüre. Vielleicht hätte ein allzu freier Titel so ausgesehen, als würde man Anspruch auf Genialität und Künstlerschaft erheben – und das hätten Fanny und Clara weder gewagt noch gefordert.

In den Augen von Felix war Fanny doch zu sehr eine richtige Frau, um eine öffentliche Rolle als Komponistin einnehmen zu wollen, Robert jedoch ermahnte seine Frau immer wieder, ihre Kompositionen zu katalogisieren, und er sorgte auch dafür, dass sie publiziert wurden. Er hat sich also keine Sorgen gemacht, sie könnte in den Augen der Öffentlichkeit als unweiblich angesehen werden. Und das, obwohl man ihn bisweilen mit ihr verglich, und nicht selten zu Claras Gunsten. In einer Rezension hat er selbst die Zeilen unterstrichen: »*Einen größern Einfluss auf seine Tätigkeit übte seine eheliche Verbindung mit der größten Künstlerin unseres Jahrhunderts, der vortrefflichen Clara Wieck.*«

Ein Eintrag im ehelichen Tagebuch, das er und Clara gemeinsam führten, zeigt jedoch, dass er auch andere Gedanken hegte: »*Clara hat eine Reihe von kleineren Stücken geschrieben, in der Erfindung so zart und musikreich, wie es ihr früher noch nicht gelungen. Aber Kinder haben und einen immer phantasierenden Mann und komponieren, geht nicht zusammen. Es fehlt ihr die anhaltende Übung, und dies rührt mich oft, da so mancher innige Gedanke verloren geht den sie nicht auszuführen vermag. Clara kennt selbst ihren Hauptberuf als Mutter, dass ich glaube, sie ist glücklich in den Verhältnissen, wie sie sich nun einmal nicht ändern lassen.*«

Auch wenn Clara immer wieder von Robert ermuntert wurde, war ihr künstlerisches Schaffen rein praktisch erschwert, schließlich hatte sie die Hauptverantwortung für die sieben Kinder. Neben und oft auch anstatt ihrer eigenen Kompositionen half sie als vorbildliche Komponistengattin

Robert bei seiner Arbeit: Sie kopierte und arrangierte seine Werke für Klavier und führte sie auf. Das war symptomatisch für viele Künstlerinnen, denen zwar gestattet wurde, eine eigene Karriere zu verfolgen, die jedoch nie die Möglichkeiten und Unterstützung wie ihre männlichen Kollegen bekamen.

Genau wie Fanny litt Clara unter mangelndem Selbstbewusstsein. Obwohl andere hervorragende Musiker ihre Werke lobten, spielte sie die Kompositionen ihres Mannes weitaus häufiger als die eigenen. Sie sprach von ihren »schwachen« Produkten. Ihr op. 20, das viele als ihr wichtigstes Werk ansehen und auf das sie selbst stolz war, widmete sie ihm mit den Worten: »*Meinem geliebten Manne zum 8ten Juni 1853 dieser schwache Wieder-Versuch von seiner alten Clara.*«

Später schrieb sie über ihr Klaviertrio: »*natürlich bleibt es immer Frauenzimmerarbeit, bei denen es immer an der Kraft und hie und da an der Erfindung fehlt.*« Voller Selbstvorwürfe und Verachtung für das eigene schwächere Geschlecht schreibt sie: »*Ich glaubte einmal das Talent des Schaffens zu besitzen doch von dieser Idee bin ich zurückgekommen, ein Frauenzimmer muss nicht komponieren wollen – es konnte noch keine, sollte ich dazu bestimmt sein? Das zu glauben wäre eine Arroganz zu der mich bloß der Vater einmal in früherer Zeit verleidete, ich kam aber bald von diesem Glauben zurück. Möge Robert nur immerhin schaffen, das soll mich immer beglücken.*«

Ihr Misstrauen spiegelt vor allem die allgemeinen Auffassungen über das künstlerische Schaffen von Frauen wider. Eine Frau soll sich nicht hervortun und kreative Ausschweifungen meiden. Eine Karriere im Jugendalter war verzeihlich, die Begeisterung für Wunderkinder beiderlei Geschlechts wurde ja bereits erwähnt. Aber wie Fanny schon Jean Paul zitierte, war die vorherrschende Meinung, dass verheiratete Frauen sich nicht mit öffentlicher Kunst befassen sollten. Die Sopranistin Pauline von Schätzel zum Beispiel, die große Rollen an der Berliner Oper gesungen hatte und die bei Felix' Aufführung der *Matthäuspassion* mitgewirkt hatte, trat nach ihrer Heirat von der Bühne ab.

Man könnte vermuten, Claras selbstdestruktive Bescheidenheit war ein Versuch, zu kaschieren, dass sie vom Publikum gefeiert wurde und mehr verdiente als ihr Mann. Vielleicht hatte sie Schuldgefühle, weil sie als verheiratete Frau nicht nur ihre Karriere fortsetzte, sondern Robert auch noch überstrahlte. Das Wort Scham taucht immer wieder in Studien zu Claras Rolle als Komponistin auf. *»Ich habe eine sonderbare Furcht Dir etwas von meiner Composition zu zeigen, ich schäme mich immer.«*

Diese Haltung gegenüber Komponistinnen liest man nicht selten in Rezensionen. Dass sie etwas von hoher künstlerischer Qualität hervorbringen und nicht nur die Werke anderer interpretieren konnten, wurde als unglaublich angesehen. Claras Auftritte und Werke wurden gut besprochen, aber man schrieb im Prinzip immer von ihr als weiblichem Komponisten und oft war man erstaunt, wie gut sie komponieren konnte. In einer Rezension ihrer Klaviertrios schrieb der Kritiker: *»Bis zur reiferen Komposition erheben sich die Damen deswegen nur selten, weil sie zur Festhaltung dessen, was das innere Ohr hört, eine Kraft der Abstraktion voraussetzt, die überwiegend den Männern gegeben ist. [...] Zu den wenigen aber, die sich dieser Kraft wirklich bemächtigt haben, gehört vorzugsweise Clara Wieck.«*

Ein Beispiel für diese Einstellung findet sich in einer Rezension der Liedkomponistin Luise Reichardt in der *AMZ* von 1827: »*Die melodischen Erfindungen sind nicht, wie sonst fast bei allen Frauenzimmer-Kompositionen, die uns bekannt worden sind, bloße Nachklänge zur Zeit vorzüglich beliebter Meister, sondern sie sind aus der eigenen Brust hervorgequollen und haben darum auch, nur die eine mehr, die andere weniger, ihr Eigenes.*«

Der Geiger Joseph Joachim lobte Claras Werke und schrieb: »*Ich entsinne mich eines Fugato im letzten Satz – und dass Mendelssohn ein Mal… großen Spaß darüber hatte, dass ich's nicht glauben wollte, eine Frau könne so etwas komponieren, so ernst und tüchtig.*«

Ja, wer, wenn nicht Felix, hätte das wissen sollen. Auch wenn er seiner Schwester die Karriere einer Musikerin verweigerte, zeigte er ansonsten keine negative Einstellung in Bezug auf Frauen und ihre musik-schöpferischen Fähigkeiten. In einem Brief an Madame Kiene, der Mutter von Marie Bigot, drückte er sich lobend über Fanny aus: »*Mir tut es leid, dass sie seit ihrer Verheiratung die Komposition nicht mehr so fleißig treiben kann, wie früher, denn sie hat mehrere Sachen, namentlich deutsche Lieder komponiert, die zum allerbesten gehören was wir von Liedern besitzen; doch ist es wieder auf der anderen Seite gut dass sie an ihrem Hauswesen viel Freude findet, denn eine Frau, die es vernachlässigt, sei es nun für Ölfarben, oder für Reime oder für doppelten Contrapunkt erinnert mich immer unwillkürlich an das Crec aus den Femmes savantes [Komödie von Molière] und ich habe Furcht davor. Das ist nun also gottlob nicht der Fall bei meiner Schwester.*«

Diese Aussage von Felix ist eigenartig und paradox, denn Fanny schrieb nach ihrer Heirat eine Ouvertüre, ein Oratorium, vier Kantaten und ein Streichquartett. Und konsequent war seine Haltung ebenfalls nicht. Neben Clara Schumann ermunterte er auch andere verheiratete Komponistinnen und Musikerinnen und unterstützte ihre Karrieren, wie zum Beispiel Johanna Kinkel und Josephine Lang.

Weder Fanny noch Clara engagierten sich im Kampf für Frauenrechte, im Unterschied zu der etwas jüngeren Ethel Smyth, die Teil der Suffragettenbewegung war und deren *The March of the Women* zum Kampflied der Bewegung wurde. Fanny hingegen mochte es nicht, wenn Frauen sich allzu sehr in die »Domäne der Männer« begaben, sie ärgerte sich über das Pseudonym der Schriftstellerin George Sand: *»Was ist das für eine verwirrte, verschrobene, unglückselige Seele! Und wie fatal wirkt die ganze Falschheit, dass man weiß, es ist eine Frau, die schreibt, und dass sie immer in der Maske eines Mannes auftritt.«* Was Clara angeht, so ist es Nancy B. Reich zufolge sehr fraglich, ob sie überhaupt mit der wachsenden Frauenbewegung sympathisierte, die in Deutschland für gleiche Rechte kämpfte. Aber dennoch war sie keine typische Frau des 19. Jahrhunderts. Sie schreibt selbst, wie sie es bedauert, keine femininen Fertigkeiten gelernt zu haben, was sich darauf bezog, dass sie weder kochen noch einen Haushalt führen konnte. Robert schenkte ihr zur Hochzeit ein Kochbuch mit der Inschrift: *»Meiner Hausfrau gewidmet«*, aber sie hat es nie verwendet.

Ebenso wie Fannys Bruder und später ihr Sohn behaupteten, sie verspüre keinen Ruf zum Künstlerischen, sagte Robert, Clara wollte es nicht anders haben. Beide, Fanny und Clara, komponierten jedoch weiter – Fanny bis zu ihrem Tod und Clara, solange sie die praktischen Voraussetzungen hatte – und das spricht für das Gegenteil. Sie waren beide gespalten. Clara hat gegen Ende ihres Lebens starke Zweifel in

Bezug auf die schöpferischen Fähigkeiten von Frauen zum Ausdruck gebracht – ihre eigenen keineswegs ausgenommen, und doch zeugt ein Tagebucheintrag von der Befriedigung, die sie einmal verspürt hat:

»Es geht doch nichts über das Selbstproduzieren, und wäre es nur, dass man es täte, um diese Stunden des Selbstvergessens, wo man nur noch in Tönen atmet«, schrieb sie, nachdem sie die sechs Lieder op. 23 im Jahr 1853 fertiggestellt hatte. Nach Abschluss der Arbeit an ihrem Trio schrieb sie in ihr Tagebuch: *»Es geht doch nichts über das Vergnügen, etwas selbst komponiert zu haben und dann zu hören.«*

Als Robert stirbt, nach einem misslungenen Selbstmordversuch und zwei Jahren in einer Nervenheilanstalt, hört sie auf zu komponieren. Mit einundzwanzig hatte sie geheiratet, mit siebenunddreißig war sie Witwe mit sieben Kindern. Sie musste allein für die Familie sorgen, widmete sich mit all ihrer Energie einem Leben als Konzertpianistin und der Vermarktung der Werke ihres Mannes.

Fanny und Claras Wege kreuzten sich über Felix, gegen Ende von Fannys Leben entstand eine intime Freundschaft und eine musikalische Beziehung zwischen den beiden Frauen. Auch wenn Clara sich an Fannys *»schroffes Wesen«* gewöhnen musste, spürte sie eine Seelenverwandtschaft, und der Gedanke, nach Berlin zu ziehen, war auf einmal sehr attraktiv.

XV. Eine andere Möglichkeit zu leben

»Leicht ist es, das Leben in der Fremde zu lieben. Nie
sonst ist man so Herr seiner selbst, als wenn keiner
einen kennt und das Leben allein und ausschließlich
uns in die Hand gegeben ist.«
Hannah Arendt

Eine kleine Gruppe von Menschen bewegt sich auf den Stra-
ßen Roms. Es ist schon fast Mitternacht, und die dicken
Wolken, die den ganzen Abend den Himmel bedeckt haben,
verziehen sich. Sie kommen am Trevi-Brunnen vorbei, die
Stimmung ist ausgelassen, jemand singt einen Chorsatz von
Bach. Einige andere stimmen ein. Einer klettert in einen
Baum, und bald regnet es Blumen auf die kleine Gesellschaft. Als sie das Colosseum erreichen, verschwindet der
Mond hinter den Wolken, und als er wieder hervorkommt,
ist der Effekt überwältigend: Der bleiche Mondschein lässt
die Schatten schärfer werden, die antike Ruine tritt wie ein
riesiges Gespenst aus der Vergangenheit hervor.

Auf dem Heimweg wird weiter gesungen und gelacht. Es
sind respektable Künstler und Musiker, aber sie benehmen
sich wie betrunkene Studenten. Erst um halb zwei sind sie
wieder zu Hause. Einer der nächtlichen Wanderer bleibt
bis drei Uhr auf und schreibt Tagebuch. Jeden Augenblick,
jede Einzelheit. Sie will alles festhalten. In dieser Nacht gibt
es kaum Schlaf. »*Ach! Wie schön ist das Leben! Wie schade, dass
man's alle Tage mehr abnutzt! Könnte man doch zu manchen
Tagen sagen: Halt! Steh ein bisschen still, lass dich näher besehen!*«

Es ist der Mai 1840, Fanny, Wilhelm und der neunjährige Sohn Sebastian verbringen noch einige Wochen in Rom.

Neunzehn Jahre lang hat Fanny von Italien geträumt. Das Gefühl, als sie die Grenze am Stilfser Joch überqueren, ist unbeschreiblich. Sie kann es kaum in Worte fassen. Die Schwäne auf dem Alpensee in der Nähe sehen aus wie schwimmende Sterne auf dunkelgrünem Wasser. Der Anblick inspirierte sie später zu dem schönen und melancholischen *Schwanenlied* auf einen Text von Heinrich Heine.

Sebastian ist enttäuscht. Er hat gelesen, dass Hannibal, als er die Alpen überquerte, seinen Truppen ganz Italien gezeigt hat. Der Junge hatte sich eine Aussicht erwartet, von den Alpen bis nach Sizilien und zum Mittelmeer, aber er sieht nur langweilige Berge.

Anfangs kann Norditalien auch Fannys idealisierte Vorstellungen nicht erfüllen. Mailand fasst sie mit folgenden Worten zusammen: »*Bis jetzt: Bettler keine; Flöhe wenige, Schmutz bis über beide Ohren.*« Ein Besuch in der Scala beeindruckt sie ebenso wenig: Die Sänger sind mittelmäßig, das Ballett schrecklich, das Ensemble ganz in Ordnung, aber auch nur, weil es das gleiche Werk schon eine Million Mal gespielt hat.

Aber Venedig, »*diese wunderbare Inselstadt, diese Biberrepublik*«. Sie hat eigentlich nur tote Pracht erwartet, trifft jedoch auf ein emsiges Leben, das sie an Paris erinnert; die Cafés, Geschäfte, die schmalen Gassen. Sie wandert durch die Stadt mit Goethes *Italienischer Reise* als Begleiter. Genau wie sie hatte er sein Leben lang von dem warmen Land im

Süden geträumt. Hier sah er zum ersten Mal das Meer, er schrieb über die Wellen, die Gondeln, die Tore, die sich direkt zum Wasser öffneten, und über die Sonne, die die Farben des Mittelmeers hervorhob. Endlich ist Fanny nicht mehr auf die Berichte von anderen angewiesen, jetzt kann sie alles mit eigenen Augen sehen.

Wilhelm malt tagsüber, abends sitzt die kleine Familie in Cafés, sie trinken Tee und lesen deutsche Zeitungen, die nur selten Erbauliches über die Situation zu Hause zu berichten haben. Unerschrocken probiert Fanny alles, was die italienische Küche zu bieten hat: *stuffati*, *umidi* und ein Gebäck, das Italiener »*invisibili*« nennen. Weil man den Kaffee auf dem Kaffeesatz serviert, »*wird sie zur Schäferin*« und trinkt lieber Milch. Und die Feigen! Und die Trauben! »*Die gönne ich mir freilich auch, denn die isst kein Mensch lieber als ich*«, schreibt sie an Rebecka.

Normalerweise trinkt sie keinen Wein, und schon gar kein Bier, das als vulgäres Getränk angesehen wird. Sie und Sebastian beschließen, auf der Reise das Wasser mit Wein zu mischen: Man muss sich schließlich an die örtlichen Sitten anpassen. Fanny ist schon viel entspannter, der Druck der an sie gestellten Erwartungen lässt nach.

Das romantische Dasein wird durch die kleinen ungebetenen Gäste im Hotel beeinträchtigt. Nach zehn Tagen ist Fanny so von Mücken und Flöhen zerstochen, dass sie kaum mehr aus den Augen schauen kann. Die Hände sehen aus wie tätowiert. An Rebecka schreibt sie in ihrer üblichen ironischen Art: »*Ich sage Dir, ich schreibe eine Monographie der Flöhe. Ich weiß ihre Lieblingsplätze, ich kenne ihren Schritt, ihre Lieblingspromenaden.*«

Die Rettung kommt durch Aurèle Robert, Bruder des

Schweizer Künstlers Louis Léopold Robert, den Wilhelm während seines Rom-Aufenthalts kennengelernt hatte. Nach einer unglücklichen Liebe zu Charlotte Bonaparte (der Nichte von Napoleon) nahm der Künstler sich 1835 das Leben, Fanny ist von seinem Schicksal ganz ergriffen. Als romantische Pilgerin besucht sie die Orte, an denen er gelebt und gewirkt hat. Aurèle Robert besorgt ihnen eine flohfreie Unterkunft und hilft Wilhelm auch bei der Suche nach Modellen für seine Gemälde, vor allem Bauersfrauen mit weißen Kopftüchern und schweren Wasserkrügen.

»Ich erinnere mich in meinem Leben nicht leicht, in 24 Stunden so viel Erstaunen, Bewunderung, Rührung, Freude empfunden zu haben als in diesem wunderbaren Venedig! Seit wir hier sind, hab ich fast noch keine trockenen Augen gehabt – völlig bezaubernd ist der Anblick dieser Wunderstadt«, schreibt Fanny an die Familie in Berlin.

Die Reisenden machen halt in Florenz und besuchen die Uffizien, wo Fanny die *Venus de Medici* und Tizians erotische *Venus von Urbino* zu sehen bekommt. Am besten gefällt ihr jedoch ein anderes Werk von Tizian, die etwas verborgene *Flora*, die in weißer Bluse und mit einer Handvoll Blumen sowohl an eine Göttin als auch an einen Lausbuben erinnert. Im Palazzo Pitti ist sie entsetzt über die Unordnung und die schlecht gehängten oder versteckten Meisterwerke. Überall haben kopierende Künstler ihre Paletten mit feuchten Farben herumliegen lassen, die schmutzigen Kleider, die sie im Regen getragen haben, liegen achtlos und ohne Schutz auf den Samtsofas. Die ordentliche Fanny möchte alles aufräumen.

Aber nichts, was sie bisher gesehen und erlebt haben, reicht an Rom heran. Am 26. November abends um zehn

Uhr erreichen sie Rom, ihr Zuhause für die nächsten sechs Monate.

»Denn es geht, man darf wohl sagen, ein neues Leben an, wenn man das Ganze mit Augen sieht, das man teilweise in- und auswendig kennt. [...] denn man kann sich nur in Rom auf Rom vorbereiten«, schrieb Goethe über seine erste Begegnung mit der Stadt. Fanny kann da nur zustimmen.

Für dreißig Scudi im Monat können sie eine einfache, aber bequeme Vier-Zimmer-Wohnung in der Via del Tritone, in der Nähe der Piazza Barberini und dem Triton-Brunnen, mieten. Wilhelm ist glucklich, seine alten Freunde und Bekannten wiederzusehen. Von ihnen erfährt Fanny Geschichten über ihren Mann und auch über Felix, der die Stadt besucht und einen bleibenden Eindruck hinterlassen hat.

Nur wenige Tage nach ihrer Ankunft werden sie Zeuge, wie Papst Gregor XVI. in einer Prozession mit seinen Kardinälen die Sixtinische Kapelle aufsucht. Bartolomeo Alberto Cappellari war zehn Jahre zuvor gewählt worden und hatte seinen Namen nach dem legendären Gregor I. gewählt. Er ist sehr konservativ und widersetzt sich allen Modernisierungen und Reformen. Unter anderem hat er im ganzen Kirchenstaat Eisenbahnen verboten, und zu jener Zeit befindet er sich in einem kirchenpolitischen Konflikt mit Preußen über die Ehegesetze im Preußischen Recht, bei denen es um Mischehen zwischen Protestanten und Katholiken geht. Zur allgemeinen Verteidigung des Papstes kann man sagen, dass zu der Zeit, als Fanny sich in Rom aufhielt, seine Enzyklika *Supremo Apostolato* bei einem großen katholischen Kirchentreffen in den USA gelesen wurde. Seine Verurteilung der Sklaverei sollte die Widerstandsbewegung in den USA in ihrem Kampf unterstützen.

Weil Fanny, wie alle anderen Frauen, ganz hinten in der Kirche und hinter einem Gitter sitzen musste und sie zudem kurzsichtig war, konnte sie fast nichts sehen. Sie hatten allen Grund, sich zu ärgern, denn »*[w]ir müssen [...] den sehr unreinen und mittelmäßigen Gesang der päpstlichen Kapelle und den nicht kurzweiligen Vortrag der Messe durch ein paar zittrige Kardinalstimmen anhören*«.

Aus Leipzig erinnert sich der überarbeitete, frisch gebackene Vater Felix an seinen Aufenthalt in Italien. Kann Fanny die Kardinäle nach ihren Mitren identifizieren? Fügen die päpstlichen Musiker schreckliche parallele Quinten zur Ausschmückung hinzu? Er erzählt, er habe mehrere von Fannys Klavierstücken dem Komponisten Ferdinand Hiller vorgespielt, sie hätten es sehr genossen und keinerlei Fehler gefunden, obwohl sie gesucht hätten. Vielleicht hat sie das angeregt, und nachdem es ihr gelungen ist, ein Klavier zu mieten, beginnt sie zu schreiben und komponiert mehrere Klavierstücke und eine Cavatina für Gesang und Klavier.

Genau wie über ihren Bruder spricht man in der italienischen Hauptstadt über sie. Obwohl sie monatelang kein Klavier angerührt hat, debütiert sie bei einem Salon des deutschen Geigers Ludwig Landsberg mit einem Programm wie bei ihren Sonntagskonzerten. Sie bezaubert das Publikum mit einem Klavierkonzert von Beethoven, sie selbst ist nur mäßig beeindruckt von der Qualität der Veranstaltung. Noch schlimmer ist es, jeden Morgen von den *piffari* geweckt zu werden, das sind Hirten von den Bergen östlich von Rom, die in der Adventszeit mit ihren Ziegen und in bunten Trachten in die Stadt kommen, mit Schalmeien und Sackpfeifen. Genau wie Felix und andere aufgeklärte Deutsche hat sie nichts übrig für die kulturellen Äußerungen der loka-

len Bevölkerung. »*Das ist die gottloseste Musik, die mensch-*
licher Odem und ein Bocksfell nur hervorbringen kann, es gibt
nur noch eine gottlosere, das Spiel aller Organisten, die ich noch
bis jetzt in hiesigen Landen gehört.«

Weihnachten kommt näher und Fanny wird sich bewusst,
dass sie zum ersten Mal im Leben nicht zu Hause feiern
wird. Heimweh macht sich bemerkbar, aber sie tut ihr Bestes, um das Fest so schön wie möglich zu gestalten, und be-
schafft einen Weihnachtsbaum für Sebastian, er besteht aus
Zweigen von Zypressen, Myrten und einem Orangenbaum,
die sie mit Früchten schmückt. Die Köchin Jette, die aus
Berlin mitgekommen ist, backt deutsche Kuchen mit Zuta-
ten aus der italienischen Küche.
   Am Weihnachtsmorgen stehen sie früh auf, um rechtzei-
tig im Petersdom zu sein und gute Plätze zu bekommen,
»*denn in der Peterskirche werden die Frauenzimmer nicht so*
schlecht behandelt wie in der päpstlichen Kapelle«, schreibt Fanny. Sie können auf einem erhöhten Podest sitzen, von wo
man nicht nur gut sehen kann, sondern auch gesehen wird.
Die Frauen sehen aus wie Pfaue, sie haben sich mit bunten
Hüten und Federn feingemacht – Fanny sieht keinen einzigen schwarzen Schleier, wie er doch angeblich vorgeschrie-
ben ist.
   In diesem Frühjahr führt die Familie Hensel ein traumhaftes Leben in Rom. Ende März fällt Schnee, dicht und
lange, sie schauen amüsiert zu, wie aufgeregte Städter
Schneeballschlachten austragen. Sie erleben alles, was man
als Tourist nur erleben kann, unter anderem Ostern im Petersdom.
   Nach den Feiertagen verschwinden die meisten Besucher

aus der Stadt, und für Fanny beginnen die vielleicht glücklichsten Wochen ihres Lebens. Sie und Wilhelm gehören zu einem kleinen Kreis von engen Freunden, der Direktor der französischen Akademie, Jean-Auguste-Dominique Ingres, bildet das Zentrum. Zum engeren Kreis gehört die norwegische Pianistin Charlotte Thygeson, der Maler Charles Dugasseau und die Komponisten Georges Bousquet und Charles Gounod. Besonders Letzterer entwickelt eine besondere Beziehung zu Fanny. Gounod hat ein knabenhaftes Aussehen, die dicken Haare seitlich gescheitelt, einen verschleierten Blick, eine schmale, gerade Nase und ein Grübchen im Kinn. Er ist nach Rom gekommen, um sich mit der italienischen Kirchenmusik des 16. Jahrhunderts und Palestrina zu beschäftigen. Durch Fanny findet er zum ersten Mal Zugang zur deutschen Musik.

»Dank ihrem schönen Talent und ihrem wunderbaren Gedächtnis wurde ich mit einer Menge deutscher Meisterwerke bekannt, die mir damals noch ganz fremd waren; unter anderem mit zahlreichen Stücken von Sebastian Bach, wie Sonaten, Fugen und Präludien, Konzerten und mit einer Reihe Mendelssohnscher Kompositionen, welche für mich wie Offenbarungen einer neuen Welt waren«, berichtet er später in seinen Memoiren.

Fanny spielt nicht nur Bach für ihn, sondern auch Mozart, Hummel und Beethoven. Diese Musik macht großen Eindruck auf den empfindsamen Gounod. *»Dem fällt nun die Bekanntschaft mit deutscher Musik wie eine Bombe ins Haus, möglich, daß sie großen Schaden anrichtet«*, schreibt Fanny in ihr Tagebuch.

An einem Abend sitzen die französischen Herren einer nach dem anderen Modell für Wilhelm, der sie portraitiert, während Fanny sie unterhält und fast den ganzen *Fidelio* und vier Beethoven-Sonaten spielt, woraufhin Gounod sich benimmt wie ein Betrunkener und ausruft: »*Beethoven est un polisson!*« (Beethoven ist ein Schlingel!)

Gounod ist ein unreifer junger Mann mit einer sehr komplizierten Beziehung zu seiner Mutter. Später im Leben hat er eine Liebesaffäre mit einer deutlich älteren Frau, jetzt ist er jedoch völlig hingerissen von der dreizehn Jahre älteren Fanny. Er überrascht sie immer wieder mit seiner überschwänglichen Begeisterung und seinem manchmal ins Unpassende gleitenden Verhalten, was sie als Unreife deutet, gleichzeitig freut sie seine Gesellschaft. In seinen Memoiren erinnert sich Gounod an Fanny als »*ausgezeichnete Pianistin, [...] als Komponistin war sie von seltener Begabung [...] der feurige Blick aus tiefen Augen verriet ungewöhnliche Energie*«.

Ein paar Jahre später besucht er das Ehepaar Hensel in der Leipziger Straße und bleibt drei Wochen. Er verlässt nicht ein einziges Mal das Haus und sieht außer dem Garten nichts von Berlin. Ihn interessiert einzig das Zusammensein mit Fanny. Sie machen Musik und diskutieren sie von morgens bis abends. Gounod verabschiedet sich nur selten vor Mitternacht von seinen Gastgebern.

Nach dem Besuch reist er weiter und verbringt auf Fannys Empfehlung ein paar Tage bei Felix in Leipzig, bevor er nach Paris zurückkehrt. Das Studium von Palestrina und der Zugang zur deutschen Musik, den Fanny ihm ermöglicht hat, haben große Bedeutung für sein zukünftiges musikalisches Schaffen. Am bekanntesten dürfte er der Nachwelt vermutlich durch sein *Ave Maria* sein, eine Komposition, in der er ausgehend vom lateinischen Gebet das erste Präludium aus Bachs *Wohltemperiertem Klavier* interpretiert. Fannys Biografin Françoise Tillard schreibt, das Verständnis von Palestrina und Bach habe den Grundstein für Gounods Karriere gelegt und für das, was man später als die Erneuerung der französischen Schule bezeichnete. Sie meint, Fannys Einfluss sei unterschätzt worden, die Musikgeschichte habe die Bedeutung von Felix hervorgehoben – obwohl Gounod ihn nur vier Tage lang getroffen hat.

Fanny genießt jedoch die ungeteilte Bewunderung des jungen Komponisten und seine Begeisterung, die sie ermutigt, weiter zu komponieren. Kurz nach seinem Besuch schreibt sie eine Klaviersonate in g-Moll.

Der Aufenthalt in Rom ist eine sorglose Zeit, wie Fanny sie noch nie erlebt hat. In der Kindheit fanden alle Spiele unter Leas Aufsicht statt, wenn es in dem strengen Stundenplan überhaupt Zeit dafür gab. Fanny ist selbst erstaunt über ihr ungebundenes Dasein. Und vielleicht steht sie zum ersten Mal in ihrem Leben mit ihrer Musik im Zentrum, und sie genießt es. Sie vertraut sich ihrem Tagebuch an: »*Ich schreibe auch jetzt viel; nichts spornt mich so als Anerkennung, wogegen mich der Tadel mutlos macht und niederdrückt. Gounod ist auf eine Weise leidenschaftlich über Musik entzückt, wie es nicht leicht gesehen [...] vor allem das Konzert von Bach, dass ich wenigstens schon zehnmal habe spielen müssen.*«

Später schreibt sie: »*Ich will mir gar nicht verhehlen, dass die Atmosphäre von Bewunderung und Verehrung, von der ich mich hier umgeben sehe, wohl etwas dazu beitragen mag, ich bin in meiner frühen Jugend lange nicht so angeraspelt worden wie jetzt, und wer kann leugnen, dass das sehr angenehm und erfreulich ist?«*

Fanny berichtet ihrem Bruder stolz, dass sie mit Bachs Klavierkonzert für drei Klaviere in Landbergs Salon auftreten wird – das gleiche Stück, das Felix zusammen mit Franz Liszt und Ferdinand Hiller gespielt hat. Fanny wird zusammen mit Charlotte Thygeson und einer anderen *»sehr guten Dilettantin«* spielen. Mit kleidsamer Bescheidenheit schreibt sie: *»Es wird aber doch einiger Unterschiede stattfinden. Ich sage dir, die Franzosen bewundern nichts als Bacque, es ist zu komisch.«*

Rebecka berichtet sie, wie produktiv sie in letzter Zeit gewesen sei und dass sie die Klavierstücke nach ihren Lieblingsorten getauft habe, einerseits, weil sie an diesen Orten entstanden sind, andererseits, weil sie an die Ausflüge gedacht hat, wenn sie sich zum Komponieren hinsetzte. Die vielen Reisen von Felix fanden ihren Niederschlag in den *Hebriden* oder der *Italienischen Symphonie*. Endlich erfährt Fanny, wozu wirkliche Inspiration führen kann. Aber, als mache sie sich Sorgen, womöglich zu große künstlerische Ansprüche zu stellen, fügt sie schnell hinzu: *»Es wird mir künftighin ein angenehmes Andenken sein, eine Art von zweitem Tagebuch. Glaube aber nicht, dass ich sie beim Vorspielen so nenne, das ist bloß fürs Haus.«*

Die nahende Abreise ist das Einzige, was Fannys Himmel verdunkeln kann. Als sie und Wilhelm einmal einen seltenen Abend für sich haben und im Garten der Villa spazieren gehen, beschließen sie, doch noch etwas länger als geplant zu bleiben, bis Ende Mai: *»Wie der Säufer, der an drei Schnapsläden glücklich vorübergekommen, sich am vierten dafür entschädigt.«*

Ihren letzten Abend in Rom, den 31. Mai, verbringen sie in der Residenz der französischen Akademie, der Villa Medici, Ingres hat zu einem Abschiedsfest eingeladen. Der Garten ist für andere Besucher geschlossen, man hat ein Klavier ins Freie getragen. Den ganzen Tag wird Musik gespielt – Beethoven, begleitet vom Plätschern eines Brunnens.

Am Abend zieht man sich in den Salon zurück, wo Fanny für die versammelte Gesellschaft spielt. Nach dem Essen meditiert sie vom Balkon aus über den Tag: *»Unglaubliche Sterne und Lichter in der Stadt, und Glühwürmer, und eine lange Sternschnuppe, eine ferne, auf einem Berg liegende erleuchtete Kirche, und laue Luft, und tiefe innere Bewegung in uns allen.«*

Um Mitternacht erklingt Mozart und Mendelssohn.

Vor der Rückkehr nach Berlin machen Fanny und Wilhelm noch einen Abstecher nach Neapel. An Sebastians zehntem Geburtstag setzen sie sich der Herausforderung Vesuv aus, zuerst zwei Stunden zu Pferd durch die Weinberge, bis sie die Lava vom Ausbruch des vorausgegangenen Jahres erreichen. Man kann immer noch die Wärme spüren. Weiter oben gibt es keine Vegetation mehr, die Pferde können nicht mehr weiter. Fanny und Sebastian werden in Sänften getragen, Wilhelm und die Führer kämpfen sich auf rutschigen Steinen vorwärts. Auf dem Gipfel angekommen, schauen sie in den Schlund des feuerspeienden Wunders. *»Schwefelgestank, die tollsten Farhen, wie man sie anderswo in der Natur nie sieht, grün, gelb, rot, blau, lauter giftige Töne, im Grunde des*

Kessels ein unheimliches Aschgrau, ein bald feinerer, bald dickerer Rauch, der aus allen Ritzen dringt und, alles überziehend, dennoch alles durchblicken lässt, und mit jedem Schritte, den man tut, ändert sich die Ansicht und wird der Anblick greulicher.«

Der Anblick, den sie in den kommenden Wochen von ihrem Balkon aus haben, ist sehr viel lieblicher, man sieht den Mond aus dem Krater des Vulkans emporsteigen.

Fanny hat auch hier ein Klavier gemietet und komponiert, wann immer sie kann, voller Inspiration und ermuntert von Gounod. Das *Schwanenlied* ist eine schöne und melancholische Melodie voller Sehnsucht. In Heinrich Heines Gedicht fallen die Blätter von einem Apfelbaum, ein Singschwan sinkt ins Wasser, bis auf den Grund. R. Larry Todd beschreibt, wie Fanny die Worte umsetzt. »Eine Reihe feiner Details machen den Charme dieser Komposition aus – die flirrenden, gebrochenen Arpeggios des Klaviers, die verzögerte Auflösung in den vokalen Teilen [...]. Das Ergebnis ist eine magische Begegnung zwischen großer Poesie und großer Musik und zeigt die ganze Skala von Fannys Talent als Liedkomponistin.«

Ansonsten hat Neapel die undankbare Rolle, nach dem Aufenthalt in Rom zu kommen. Es kann so schön sein, wie es will, Fanny und Wilhelm können den Ort nicht vergessen, wo sie am glücklichsten waren, der Rest der Reise ist nur noch ein Anhängsel. Fanny schreibt nach Berlin: »*Sind wir nun erst bei Euch zu Hause, so wird sich das ganze Herz schon wieder zurechtfinden. Hier sind wir nur halb und mehr mit den Augen als mit der Seele.*«

Nach einem guten Jahr beschließen sie die Reise, wo sie sie begonnen haben, in Leipzig. Die Schlange beißt sich in den Schwanz, wie Fanny es ausdrückt, nach einer Redewendung, die aus Platons Dialog *Timaios* stammt. Als sie das Haus der Mendelssohns erreichen, fängt Felix gerade an, sich von einer ernsten Krankheit zu erholen, vermutlich einem Schlaganfall, den er zwei Wochen zuvor erlitten hatte. Er ist blass, aber gut gelaunt, er bereitet sich auf eine Reise nach England vor, wo er seine neue Symphonie *Lobgesang* aufführen wird. Drei Tage gehen Bruder und Schwester zusammen spazieren, sprechen miteinander und spielen sich Musik vor.

Das Jahr in Italien wird in dem größten Vorhaben resultieren, das Fanny seit vielen Jahren in Angriff genommen hat, dem Klavierzyklus *Das Jahr*, mit einem Stück für jeden Monat. Der Musikhistoriker R. Larry Todd meint, durch den Zyklus könne man nicht nur ihre Musik und »deren Schichten von musikalischen, visuellen und literarischen Elementen« besser verstehen, sondern die Klaviermusik des 19. Jahrhunderts insgesamt.

Fanny erwähnt den Klavierzyklus *Das Jahr* nie in ihren Tagebüchern. Sie streift ihn nur kurz in einem Brief an einen Bekannten und wie immer bescheiden. Der Ausdruck »zieren« lässt vermuten, dass der Geist des Vaters immer noch wachsam über ihr schwebt: *»Jetzt mache ich eine andre kleine Arbeit, an der ich viel Spaß habe, nämlich eine Reihe von zwölf/ 12 Klavierstücken, die die Monate vorstellen sollen […] So suchen wir uns das Leben zu zieren und zu verschönern, das ist der Vorzug der Künstler, dass sie solche Verschönerung in rings um sich her streuen und alle die daran Anteil nehmen lassen können, die ihnen irgend nahe stehen.«*

Ein phantastisches Jahr geht zu Ende. Zu Hause wartet der graue Alltag. Aber irgendetwas beginnt in ihr zu wachsen. Fanny würde nicht im Traum daran denken, es Widerstand zu nennen.

XVI. Fanny entscheidet sich

»Die Kunst ist die Tochter der Freiheit.«
Friedrich Schiller

Sechs Jahre später

Im April sind die Blüten der Mandelbäume schon zu Boden gefallen. Der Duft des Flieders dringt bis auf die Straße, im Garten der Leipziger Straße 3 stehen die Aprikosen- und Pfirsichbäume in voller Blüte. Fannys Sinne wurden schon immer stark vom Wetter und von den Temperaturen beeinflusst. Der Frühling kommt früher als erwartet, sie fühlt sich lebendig, ganz im Hier und Jetzt, wie ein kleines Mädchen. *»Wie ein Glück, das uns stets zu entschlüpfen im Begriff steht.«*
Im Frühjahr 1846 neigt sich eine Phase in ihrem Leben und dem ihrer Familie einem Ende entgegen. Man spricht davon, dass das Haus verkauft und das Gartenhaus abgerissen werden soll, um Platz für neue Straßen in der wachsenden Stadt zu machen. Aber auch außerhalb des noch geschützten Zuhauses ahnt man neue, fremde Frühlingswinde. Das Feuer der Revolution beginnt zu glimmen, ungeduldig wartet man darauf, dass es auch in Preußen und ganz Europa aufflammen wird.
Die letzten Jahre waren von Freude und Trauer geprägt gewesen. Felix und Cécile haben ihr viertes Kind bekommen, Rebecka ihr zweites. Felix hat in Leipzig ein Musikkonservatorium gegründet, das größte in Europa. Fannys Sonntagskonzerte sind auf ihrem absoluten Höhepunkt. Ein Konzert beschreibt sie so: *»Vorigen Sonntag war auch bei*

uns die brillanteste Sonntagsmusik, die, glaube ich, noch jemals stattgefunden hat, sowohl was Ausführung als Publikum betraf. Wenn ich Dir sage, dass 22 Equipagen auf dem Hof, und Liszt und acht Prinzessinnen im Saal waren, wirst du mir die nähere Beschreibung des Glanzes meiner Hütte wohl erlassen.«

Leas plötzlicher Tod hat sie alle ergriffen. Sie hatte schon viele Jahre über ihre Gesundheit geklagt. Und doch kam es wie ein Schock, als sie einen Schlaganfall erlitt und nach »einem kurzen, leichten Kampf« einschlief.

Auch Felix ist nicht bei bester Gesundheit, er hetzt von einem Auftrag zum nächsten, ist nervöser und reizbarer denn je. Er verbringt seine Zeit zwischen Leipzig und Berlin, der König wollte ihn an den Hof binden, aber Fanny sieht ihn kaum öfter als zuvor. Als die Familie wieder ganz nach Leipzig zieht, vermisst Fanny eher Cécile und die Kinder als ihren beschäftigten, gestressten Bruder. Vielleicht hat seine Abwesenheit sogar einen positiven Einfluss auf ihr musikalisches Schaffen. Sie schreibt in ihr Tagebuch: »Wenn ich nicht alles liegen lasse, so kommt es einesteils daher, dass ich mir, wenn Felix nicht da ist, doch gar nicht so plundrig vorkomme, sondern mich schon mehr achte. Dann aber kann ich es meinem Mann nicht zu leide tun, der außer sich sein würde.«

Kurz darauf reisen sie und Wilhelm wieder nach Rom – dieses Mal nicht zum Vergnügen, sondern weil Rebecka und ihr Mann Dirichlet schwer krank sind. Dirichlet hatte »das römische Fieber«, und Rebecka litt ebenfalls an einer Infektion, außerdem war sie schwanger. Fanny kümmerte sich um die Kranken, während Wilhelm malte.

Aber jetzt, nachdem sie jahrelang die Krankenschwester der Familie war, kann sie sich endlich mit aller Kraft der Musik widmen. Nach Hause zurückgekehrt, veranstaltet sie wieder ihre Sonntagskonzerte und dirigiert sie vom Klavierhocker aus. Jeden zweiten Sonntag erwecken Fanny und ihre Musikergäste die alten Meister wieder zum Leben, aber auch neue Musik von ihrem Bruder und von Robert Schumann wird gespielt.

Jemand Neues ist Teil des Freundeskreises geworden. Robert von Keudell ist ein eleganter Mann mit scharf geschnittener Nase und etwas zu dicht liegenden Augen. Er wird später ein Vertrauter Otto von Bismarcks und Diplomat in Rom. Aber jetzt ist er ein charmanter, Philosophie studierender Pianist, den Fanny ins Herz geschlossen hat. Im vergangenen Jahr war er fast täglich bei der Familie Hensel zu Besuch und wirkt oft an den Sonntagskonzerten mit. Von Keudell hat ein musikalisches Gehör und ein Gedächtnis, das Fanny bei noch keinem Musiker gesehen hat, außer natürlich bei ihrem Bruder Felix. Werke wie Beethovens *Große Fuge* spielt er auswendig, mit hervorragender Technik, ohne Virtuose zu sein, wie er es selbst ausdrückt – und das ist natürlich ganz nach Fannys Geschmack.

Aber Fanny ist nicht nur von seinem flotten Klavierspiel beeindruckt. Seit dem Zusammensein mit Gounod hatte sie keinen Umgang mehr mit einem Gleichgesinnten gehabt, der sie ernst nahm. Wilhelm in allen Ehren, aber er hat kein Ohr für Musik. Wie hat sie sich nach jemandem gesehnt, mit dem sie über ihre Musik sprechen kann. In ihr Tagebuch schreibt Fanny, von Keudell *»erhält mich, was das Musikmachen anbetrifft, sehr in Atem und in beständiger Tätigkeit […] Er sieht mit äußerstem Interesse, was ich irgend*

Neues schreibe, und macht mich aufmerksam, wenn irgendwo etwas fehlt, in der Regel hat er recht!« Und noch etwas: Er ist davon überzeugt, dass die Welt Fannys Musik hören sollte.

Wilhelm ist wie immer positiv eingestellt. Sebastian ist jetzt sechzehn und kommt allein zurecht. Viele Musiker fragen nach ihren Klavierstücken und Liedern, die nur sehr sporadisch bei den Sonntagskonzerten zu hören waren. Aber der wichtigste Hinderungsgrund für eine Veröffentlichung ist immer noch Felix.

Es ist zehn Jahre her, dass sie ihm schrieb und um seine Zustimmung bat, ihre Werke unter eigenem Namen zu publizieren, aber seitdem ist viel passiert. Die ehemals unzertrennlichen Geschwister sehen sich immer seltener, und seit einem kurzen Besuch im Februar ist Felix nicht mehr in Berlin gewesen. Im Mai war er in Aachen, in der Nähe der französischen Grenze, und hat am Niederrheinischen Musikfestival mitgewirkt, bei dem auch die schwedische Nachtigall Jenny Lind aufgetreten ist. Im Juni ist er in Liège (Lüttich), dann in Köln, und im August wird er nach Birmingham reisen und sein zweites Oratorium, den *Elias*, aufführen. Viel Musik ist verflossen, seit Fanny den Platz als seine »Minerva« innehatte. Was früher ein Stich ins Herz für Fanny war, ist jetzt wehmütige Akzeptanz. Eher resigniert als vorwurfsvoll beklagt sie sich in all ihren Briefen, die der berühmte und viel beschäftigte Bruder nur sehr sporadisch beantwortet, dass der *Elias* der ganzen Welt präsentiert wird und sie noch keinen Ton hat hören dürfen.

Und doch setzt sie sich in einer Mischung aus Munterkeit und Furcht am 9. Juli 1846 hin und schreibt an Felix: *»Eigentlich sollte ich dir jetzt gar nicht zumuten, diesen Quark zu lesen, beschäftigt wie Du bist, wenn ich Dir nicht hätte schreiben müs-*

sen, um Dir etwas mitzuteilen. Da ich aber von Anfang an weiß, dass es Dir nicht recht ist, so werde ich mich etwas ungeschickt dazu anstellen, denn lache mich aus, oder nicht, ich habe mit 40 Jahren eine Furcht vor meinen Brüdern, wie ich sie mit 14 vor meinem Vater gehabt habe, oder vielmehr Furcht ist nicht das rechte Wort, sondern der Wunsch, Euch allen, die ich liebe, es in meinem ganzen Leben recht zu machen, und wenn ich nun vorher weiß, dass es nicht der Fall sein wird, so fühle ich mich rather unbehaglich dabei. Mit einem Wort, ich fange an herauszugeben.«

Die wachsende Selbstsicherheit, die sie seit ihrer Jugend vermisste, hat Fanny teilweise von Keudell zu verdanken. Aber seit dem Rom-Aufenthalt hat sie auch erkannt, wie ein anderes, mögliches Leben aussehen könnte. Ein Leben, bei dem sie nicht zurücksteht. Außerdem haben etablierte Verlage wie Bote & Boch und Schlesinger ihr so lukrative Angebote gemacht, wie sie, laut Fanny, kein Dilettant je bekommen hat. Als bekannte Berliner Musikerin und natürlich als Schwester des berühmten Felix Mendelssohn sehen sie in ihr großes Potenzial.

Ihr Leben lang hat sie sich einreden müssen, dass Frauen, die ihre Kreativität öffentlich zur Schau stellen, nicht nur sich selbst, sondern auch ihre Familien der Lächerlichkeit preisgeben. Jetzt ist sie vorsichtig aufgeregt – endlich betreten ihre besten Werke die Bühne der Welt. Im weiteren Verlauf des Briefes bekommt Felix einige Schöpfkellen ihres wohlbekannten Sarkasmus zu spüren: »*Schande hoffe ich euch nicht damit zu machen, da ich keine ›femme libre‹ und leider gar kein junges Deutschland bin. Verdruss wirst Du hoffentlich auch auf keine Weise dabei haben, da ich, um dir jeden etwa unangenehmen Moment zu ersparen, wie Du siehst, durchaus selbst-*

ständig verfahren bin, und so hoffe ich, wirst Du es mir nicht übel nehmen. Gelingt es, d. h. dass die Sachen gefallen, und ich mehr an Anerbietungen bekomme, so weiß ich, dass es mir eine große Anregung sein wird, deren ich immer bedarf, um etwas hervorzubringen, im anderen Falle, bin ich soweit, wie ich immer gewesen bin, werde mich nicht grämen, und wenn ich dann weniger oder nichts mehr arbeite, so ist ja dann auch nichts dabei verloren.«

Auch wenn sie sich bereits entschieden hat und der Brief eher eine Ankündigung als eine Frage ist, wartet Fanny mit zunehmender Irritation auf die Antwort des Bruders, die nicht kommt. Aus dem Frühling ist Sommer geworden, im Garten erntet sie Feigen und Weintrauben, und sie bereitet, zusammen mit Robert von Keudell, weitere Veröffentlichungen vor. Zwei Wochen nachdem Felix den Brief bekommen haben muss, gesteht sie ihrem Tagebuch, wie verletzt sie ist. Warum lässt er nichts von sich hören? Es dauert einen ganzen Monat, ehe endlich sein Brief kommt, in Eile geschrieben, vor seiner Abreise nach England: »Mein liebster Fenchel, erst heute, kurz vor meiner Abreise, komme ich Rabenbruder dazu, Dir für Deinen lieben Brief zu danken und dir meinen Handwerkssegen zu geben und zu Deinem Entschluss, Dich auch unter unsere Zunft zu begeben. Hiermit erteile ich ihn dir, Fenchel, und mögest Du Vergnügen und Freude daran haben, dass Du den andern so viel Freude und Genuss bereitest, und mögest Du nur Autorplaisiers und gar keine Autormisere kennenlernen, und möge das Publikum dich nur mit Rosen, und niemals mit Sand bewerfen, und möge die Druckerschwärze Dir niemals drücken und schwarz erscheinen.«

Man kann diesen Brief auf verschiedene Weise interpretieren: Entweder, es ist genauso, wie er schreibt, dass er einfach keine Zeit hatte, zu antworten, und er, wie er schon zehn Jahre zuvor geschrieben hat, verspricht, sie zu unterstützen, aber nicht zu ermuntern. Oder die Antwort dauert so lange, weil er sich nicht entscheiden kann; er will sich nicht mit der Schwester streiten, gleichzeitig handelt sie gegen seine Überzeugungen. Trotz seines Versprechens bietet er ihr keinerlei Hilfe an. Fanny konstatiert in ihrem Tagebuch: »*Weiß ich auch, dass es ihm eigentlich im Herzen nicht recht ist, so freut mich doch, dass er endlich ein freundliches Wort mir darüber gegönnt!*«

Früher wäre allein die Vorstellung, so eine Unternehmung ohne die Unterstützung von Felix zu machen, undenkbar gewesen. Es war etwas geschehen. Der Griff des Bruders hatte sich gelockert.

An Felix' fünfzehntem Geburtstag stand Fanny schweigend daneben und schaute zu, wie Carl Friedrich Zelter ihn in die Bruderschaft von Mozart, Haydn und Bach aufnahm. Zweiundzwanzig Jahre später machte sie endlich den gleichen Schritt. Endlich ist sie die Komponistin Fanny Mendelssohn Hensel.

Ihre erste Publikation besteht aus sechs älteren Liedern, *Sechs Lieder, Opus 1*. Sie schickt sie nicht an Felix, sondern an Cécile, und schreibt ihm später als Erklärung, sie habe ein schlechtes Gewissen. Sie braucht Cécile als Vermittlerin. Sicherheitshalber schickt sie auch noch ein paar Kostproben aus der Obsternte des Gartens – die werden ihn doch milde stimmen? Aber sie kann es nicht lassen, ein wenig zwicken muss sie ihn doch. Sie erzählt, sie sei im Begriff, sechs weitere vierstimmige Lieder zu publizieren. Und er hat noch kein einziges gehört!

Was Felix von ihrer neuen Karriere hält, geht aus Briefen oder Tagebucheinträgen nicht hervor. Aber Céciles Antwort an Fanny lässt erahnen, dass der große Komponist, bisweilen als Mozarts Nachfolger gehandelt, immer noch in der Rivalität der Kindheit verhaftet ist. *»Herzlichen Dank für die schönen Lieder, die mir große Freude gemacht haben, besonders als sie uns Felix mit seiner wunderlichen Stimme sehr angenehm vorsang. Die blassen Rosen habe ich mir zwar nicht nehmen lassen, obgleich ich über ein Jahr nicht gesungen hatte, so betrachte ich das als mein Lied, aber die anderen sang Felix und schwor immer dazwischen er wolle sich rächen. Auch Mutter lässt dir sagen, sie sei ganz entzückt, und gar nicht so egoistisch wie Felix, der der Welt so etwas schönes nicht gönnen wollte.«*

Als wolle sie verlorene Zeit wieder einholen, stürzt Fanny sich nun in die Musik. Wie zuvor schreibt sie Klavierstücke, aber auch mehrstimmige Lieder und Kammermusik. Ihre Kompositionen waren lange Zeit auf die Gegebenheiten des privaten Salons ausgerichtet. Jetzt schreibt sie für große Konzertsäle, Wände und Decke öffnen sich.

Im April 1847 präsentiert sie ein neu geschriebenes Werk für Klavier, Violine und Cello. Das *Trio in d-Moll* wird als ihr Meisterwerk angesehen, hier beweist sie, dass sie, was Klang und Ausarbeitung angeht, die große Form beherrscht. Das Werk wird natürlich mit Felix' Klaviertrio in der gleichen Tonart verglichen, und man hört bei Fanny, gemäß den Traditionen der Zeit, Anklänge auf die Musik des Bruders. Aber man hört auch eine eigene, freiere und leidenschaftlichere Tonsprache; Töne und Harmonien, die viele Jahre darauf gewartet haben, in Form gegossen zu werden.

Die meisten Kritiker der Musikzeitungen reagieren positiv, auch wenn sie nicht eingestehen können, dass eine Frau ihnen imponieren könnte. Im Februar 1847 wird ihr Opus 2 in der *Neuen Zeitschrift für Musik* rezensiert: »*Wie dort, so freut uns auch hier die gute Arbeit, die Sauberkeit des Harmonischen, die Eleganz in den begleitenden Figuren, kurz, die ganze äußere Darstellung, und doch sind wir nicht im Innersten ergriffen, denn wir vermissen die Empfindung welche aus der Tiefe der Seele quillt, und die, weil sie wahrhaftig ist, auch in den Geist des Andern eindringt und dort zur Überzeugung wird.*«

Das ist der übliche Ton. Handwerklich gibt es nichts zu kritisieren. Die Rezensenten verlegen sich auf eher willkürliche Kriterien wie mangelnde Tiefe, die sie einer Komponistin vermutlich niemals zugestehen würden. Manche Kritiker deuten sogar an, Fanny ahme ihren Bruder nach oder werde sogar von ihm gesteuert.

Die Beurteilung der Musik von weiblichen Komponisten ist durchaus verwandt mit der von jüdischen und konvertierten Komponisten jener Zeit. Drei Jahre später erscheint der anonym herausgegebene Essay von Richard Wagner mit dem Titel: *Das Judenthum in der Musik*, in dem er die Juden beschuldigt, die Meisterwerke deutscher Komponisten nachzuahmen. Er schreibt unter anderem über Felix Mendelssohn: »*Dieser hat uns gezeigt, dass ein Jude von reichster spezifischer Talentfülle sein, die feinste und mannigfaltigste Bildung, das gesteigertste, zartestempfindende Ehrgefühl besitzen kann, ohne durch die Hilfe alle diese Vorzüge es je ermöglichen zu können, auch nur ein einziges Mal die tiefe, Herz und Seele ergreifende Wirkung auf uns hervorzubringen, welche wir von der Kunst erwarten.*« Juden besäßen, ebenso wie Frauen, einfach nicht die existentielle Tiefe, die es braucht, um richtige Kunst zu erschaffen, sie können nur nachahmen und Teile zusammenfügen – und sie äußerlich als Meisterwerke erscheinen lassen.

Diese Perspektive legte sich wie ein Schatten über die Musik von Felix und beeinflusste die Rezeption bis in unsere Tage. Der Musikkritiker Tom Service schreibt im *Guardian*: *»Wie konnte dieser geniale Komponist zum Synonym der schlimmsten Aspekte der Musik des 19. Jahrhunderts werden – für Konservatismus, Nostalgie, Sentimentalität und Oberflächlichkeit? [...] Die Tragödie ist, dass Wagners Kritik – abgesehen vom offensichtlichen Rassismus – die vorherrschende Auffassung in Bezug auf Mendelssohn ist. Seine technische Leichtigkeit, die treibende Kraft hinter seiner Musik, wird als oberflächlicher Akademismus angesehen; sein kommerzieller Erfolg sei der Beweis dafür, dass er nur schrieb, um seinem Publikum zu gefallen.«*

Über den Mendelssohn'schen Nachruhm weiß die frisch gebackene Komponistin Fanny natürlich nichts. Sie ist sehr zufrieden mit ihrem Leben. Hat sie bisher behauptet, das professionelle Musizieren habe keine Bedeutung für sie und es sei vor allem ein Zugeständnis an ihre Umwelt und die Wünsche ihres Mannes, so hat sie nun ihre Meinung geändert: *»Ich kann wohl nicht leugnen, dass die Freude an der Herausgabe meiner Musik auch meine gute Stimmung erhöht, bis jetzt habe ich, unberufen keine unangenehme Erfahrung damit gemacht, und es ist sehr pikant, diese Art von Erfolg zuerst in einem Alter zu erleben, wo sie für Frauen, wenn sie sie je gehabt, gewöhnlich zu Ende sind.«*

XVII. Schwester und Bruder

»Sich erinnern an uns wird, wie ich mein', mancher in
spätrer Zeit.«
Sappho

Seit dem Wiener Kongress im Jahr 1815 gärt die Unzufriedenheit sowohl in der wachsenden Gruppe wohlhabender Bürger als auch unter den weniger Begüterten. Man hat genug vom Absolutismus, von der Zensur und der zunehmenden Armut. Man fordert eine liberalere Verfassung und einen vereinigten Nationalstaat ohne machtgierige Fürsten. Es ist eine Zeit des Widerstands, später bekannt als *Vormärz*, es sind die Jahre vor der deutschen Märzrevolution 1848.

Fanny, die sich selten zur Politik äußert, zeigt ihre Haltung in einem Brief an Rebecka: »*Gott! Was muss der preußischen Staat für ein erbärmliches Gebäude sein, wenn er wirklich Gefahr läuft zu wackeln, sobald drei Studenten einen Verein bilden oder drei Professoren eine Zeitschrift herausgeben [...] Das ewige Verbieten, sich ihn alles Mischen, Argwöhnen, Vorbeugen ist wirklich jetzt im tiefsten Frieden und bei den ruhigsten Dispositionen der ruhigen deutschen auf eine Höhe gekommen, die ganz unleidlich ist.*«

Am gleichen Tag als Fannys Trio in d-Moll im Gartensaal Premiere hat, am 11. April 1847, lässt der König den »Landtag« zusammenkommen – eine repräsentative Versammlung des Volkes. Er hat zwar nicht die Absicht, ihm wirkliche Macht zu verleihen, aber er glaubt, das Volk so besänftigen zu können. Die Mitglieder können bei bestimmten Fragen mitreden und Beschlüsse fassen, aber die wichtigen Dinge werden wie bisher gehandhabt. Dennoch wird dieser erste Landtag ein Meilenstein und ein Schritt in Richtung zu einer Alternative zur autokratischen Herrschaft.

Der Landtag verfasst ein gemeinsames Positionspapier, in dem er seine Rechte gegenüber dem König verteidigt. Robert von Keudell berichtet Fanny, dass das Dokument große Unterstützung findet, auch beim Adel, und auf der letzten Seite ihres Tagebuchs schreibt sie: »*Das ist ein überraschendes Resultat [...] Nun ist die Politik für die nächste Zeit Alleinherrscherin, alles andere wird unmöglich sein.*«

Auf der gleichen Seite im Tagebuch äußert sie sich über ihr eigenes künstlerisches Leben. Trotz der Freude über die Publizierung kann sie nichts mehr schreiben. Vielleicht ist es das Gespenst der Angst, etwas leisten zu müssen. »*Ich habe jetzt eine verdrießliche Zeit, es will mir nichts Musikalisches gelingen, seit meinem Trio habe ich keinen tauglichen Takt geschrieben.*«

Die Dürre hält nicht an, denn zwei Wochen später komponiert sie *Bergeslust*, ein Lied in raschem Tempo mit einer lebhaften Melodie, auf einen Text von Joseph von Eichendorff.

Am folgenden Tag, den 14. Mai 1847, beginnt Fanny den Morgen damit, die *Neue Zeitung für Musik* aufzuschlagen, die eine Rezension ihrer Gartenlieder enthält. Der Kritiker verwendet Wörter wie *elegant, durchdacht* und *rigoros*, aber wie schon zuvor vermisst dieser Kritiker das *Gefühl tiefster Überzeugung*. Fanny ist dennoch sehr zufrieden: »*Ich bin so glücklich, wie ich's gar nicht verdiene.*« Worauf Hensel zu ihr sagte: »*Wenn du es nicht verdienst, wer verdient das sonst wohl!*«

Zu Beginn der Woche hatte Fanny mehrmals Nasenbluten gehabt. An diesem Tag vibriert die Luft in einer schwülen Hitze, ihr Kopf fühlt sich schwer an. Aber sie hat am Vormittag viel zu erledigen, sie nimmt ein schnelles Mittagessen zu sich und verzichtet auf den üblichen Mittagsschlaf. Stattdessen probt sie mit ihrem Chor Felix' Stück *Die erste Walpurgisnacht*, es soll zwei Tage später beim Sonntagskonzert aufgeführt werden. Das Klavier steht an der offenen Tür zum Garten, sie sind gerade mit dem ersten Satz *Es lacht der Mai* fertig. Gerade als Fanny ihren Schal abnimmt, bläst ein starker Wind durch den Raum. Plötzlich wird ihr übel, sie hat kein Gefühl mehr in den Händen. Die Probe geht weiter, sie geht ins Nebenzimmer und reibt sich die Hände mit Essigwasser ein. *»Wie schön!«*, ruft sie durch die offene Tür.

Es geht ihr ein wenig besser, aber als sie zum Klavier gehen will, werden auch andere Körperteile taub. *»Es ist wohl ein Schlaganfall, wie bei der Mutter«*, sagt sie noch, ehe man ihr ins Bett hilft, wo sie das Bewusstsein verliert. Ein herbeigerufener Arzt kann nichts machen.

Vor elf Uhr am Abend ist Fanny tot.

Am Sonntag, als das Konzert stattfinden sollte, steht anstelle des Klaviers Fannys Sarg unter dem Deckenfresko im Gartensaal. Er ist mit Blumen geschmückt, ein Geschenk der Sängerin Pauline von Schätzel und ihrem Mann. Fanny wird auf dem Dreifaltigkeitsfriedhof in der Nähe ihrer Eltern begraben.

Berlins Musikwelt trauert, Clara Schumann schreibt an

einen Freund: »*Der Fall mit Mendelssohn's Schwester ist sehr traurig! Ich hatte sie erst jetzt in Berlin näher kennen gelernt und schätzte sie hoch! Wir sahen uns täglich, und hatten schon zusammen verabredet, uns, wenn wir gar nach Berlin kämen, recht viel zu sehen, und miteinander zu musizieren. Sie war wohl die ausgezeichnetste Musikerin ihrer Zeit, und für das ganze musikalische Leben in Berlin eine wichtige Person – man hört bei ihr nur Gutes. Ich hatte ihr mein Trio, das ich täglich aus dem Druck erwarte, dediziert, und nun ist sie tot! Mich und meinen Mann hatte dieser Fall sehr erschüttert!*«

In der Singakademie findet ein Gedenkkonzert statt, geleitet von Rungenhagen wird ein Chorsatz aus Felix' *Paulus* gespielt. Der Kritiker und Dichter Ludwig Rellstab, vielleicht am berühmtesten dafür, Beethovens *Mondscheinsonate (Sonata quasi una fantasia op. 27 no 2)* getauft zu haben, schreibt einen Nachruf, der in der *Vossischen Zeitung* veröffentlicht wird. Fanny wird hier vor allem als die Schwester von Felix Mendelssohn genannt. Nur wenige Worte werden ihrer eigenen Musik gewidmet, aber sie erfährt große Anerkennung für ihre wichtige Rolle im Berliner Musikleben. »*Sie hatte in der Musik einen Grad der Ausbildung erreicht, dessen sich nicht viele Künstler, denen die Kunst ausschließlicher Lebensberuf ist, rühmen dürfen. In ihrer frühen Entwicklung war sie schon als Kind eine, die künstlerische Aufmerksamkeit erregende Erscheinung [...]. Seit einem Vierteljahrhundert, und darüber, war schon ihr väterliches Haus und später das ihrige, die Heimatsstädte alles wahrhaft Trefflichen in der Musik [...]. An den Sonntagmorgen fand, und die Sitte hat die verstorbene bis zum letzten Augenblick bewahrt, ein künstlerisches Fest seltenster Art statt [...] Und so blieb ihr häuslicher Herd zugleich der Opferherd für die Verehrung des Besten in der Musik.*«

Wilhelm ist am Boden zerstört. Erfüllt von Trauer versucht er, seine Frau auf ihrem Totenbett zu zeichnen. »*Wilhelm Hensel machte sich an die traurige Arbeit, die ihm wohl nie so schwer geworden, die Züge der Toten in einer seiner schönsten Zeichnungen festzuhalten*«, schreibt sein Sohn später.

Er ist auf dem Zenit seiner Karriere und hat mehrere große Aufträge, aber er wird sich von Fannys Tod nicht erholen. Das beinahe fertige Porträt des Herzogs von Braunschweig beendet er nicht, ebenso wenig wie das Porträt des Königs Friedrich. Wilhelm wird nie wieder etwas von Qualität malen. Sein Arzt rät ihm, um seiner Gesundheit willen zu verreisen. Bei einem Besuch in Den Haag begegnet er dem Schriftsteller H.C. Andersen. Der schreibt in seinen Memoiren, dass Wilhelm immer eine Skizze von Fanny auf dem Totenbett bei sich trug.

Felix erreicht die Nachricht, als er sich zu Besuch bei Céciles Familie in Frankfurt befindet. Er stößt einen wilden Schrei aus, eine Ader im Gehirn platzt und er fällt zu Boden. Danach scheint er sich nie mehr richtig erholt zu haben.

Er kann nicht nach Berlin zur Beerdigung fahren, er begibt sich stattdessen nach Baden-Baden und in die Natur. Fünfundzwanzig Jahre zuvor hatte Felix die Alpen zusammen mit seiner Schwester gesehen. Jetzt flieht er allein in die Malerei. Die warmen grünen Aquarellfarben und leichten Pinselstriche führen den Betrachter in eine glückliche Sommeridylle. Nur ein Bild, das turbulente Herabstürzen des Rheinfalls, entlarvt seine wirklichen Gefühle. Bisher stets energisch und rastlos, umgibt ihn nun eine Aura der Erschöpfung, er sitzt oft mit den Händen im Schoß da. Wenn er sich bewegt, dann nicht mehr mit raschen, elastischen Schritten, er zieht schwer die Füße hinter sich her. Mit seinem schwarzen Mantel und einem breitkrempigen Strohhut mit Trauerflor sieht er aus, als hinge das Schwert des Todesengels über ihm.

An seine Freundin Charlotte Moscheles schreibt er: »*Sie können sich vorstellen, wie ich empfinde – ich, für den sie immer gegenwärtig war, bei allen Gelegenheiten, ganz gleich ob Freude oder Trauer.*«

Wilhelm gegenüber entblößt er sein schlechtes Gewissen: »*Wenn dich meine Handschrift im Weinen stört, so tue den Brief weg, denn Besseres gibt es jetzt wohl nicht für uns, als wenn wir uns recht ausweinen können. Wir sind glücklich miteinander gewesen, nun wird's ein ernstes, trauriges Leben. Du hast meine Schwester sehr glücklich gemacht, ihr ganzes Leben hindurch, so wie sie es verdiente. Das danke ich dir heut, und solange ich atme, und wohl noch darüber hinaus – nicht mit bloßen Worten sondern mit bitterer Reue darüber, dass ich nicht mehr für Ihr Glück getan habe.*«

Erst gegen Ende des mehrere Monate langen Aufenthalts kann er wieder komponieren – ein Streichquartett in f-Moll, das den Titel *Requiem für Fanny* bekommt. Es ist das Gewichtigste, was er je geschrieben hat. Der Musikwissenschaftler Georg Knepler wird später das Werk an den Vormärz knüpfen und es »Requiem für eine Epoche« nennen. Felix arbeitet auch an seiner ersten Oper, *Die Lorelei*, die er der Sopranistin Jenny Lind versprochen hat. Aber als ein Freund ihn bittet, sich das Libretto einer weiteren Oper anzuschauen, antwortet er: »*But what is the use of planning any-*

thing. I shall not live.« Warum etwas planen. Ich werde nicht leben.

Vier Monate nach Fannys Tod zwingt er sich nach Berlin, zur Premiere des *Elias*. Aber als er Fannys leeres und stilles Zimmer betritt, stößt es ihn in die Dunkelheit zurück. Obwohl er es fast nicht vermag, geht er all ihre Partituren durch und nimmt ihr Klaviertrio und einige andere Werke mit, um sie zur Publikation bei seinem eigenen Verleger Breitkopf & Härtel vorzubereiten.

Im Jahr 1850, als die Welt sich nach den Revolutionen, die über Europa hinweggefegt sind, erholt hat, erscheinen *Vier Lieder. Op. 8* für Klavier, *Sechs Lieder Op. 9, Fünf Lieder Op. 10*, und ihr Klaviertrio als Op. 11. Aber Felix wird diese Wiedergutmachung nicht erleben. Am 9. Oktober 1847 schreibt er das *Altdeutsche Frühlingslied* (publiziert als *Op. 86 no. 6*). Dessen letzte Zeilen lauten: »*Nur ich allein, ich leide Pein, Ohn' Ende werd ich leiden: Seit du von mir und ich von dir, O Liebste, mußte scheiden.*«

Am gleichen Tag bricht er am Klavier zusammen, genau wie Fanny. Ein paar Wochen später und nach einer Serie von Schlaganfällen stirbt er schließlich am 4. November. Er ist 38 Jahre alt. Wilhelm malt seinen Schwager auf dem Totenbett und krönt das Werk mit einigen Zeilen aus dem *Elias*. »*Und nach dem Feuer kam ein stilles, sanftes Sausen. Und in dem Säuseln nahte sich der Herr.*«

Felix war bei seinem Tod der berühmteste Komponist Europas. Tausende von Menschen säumten die Straßen, als der Leichenzug mit dem kostbaren Sarg sich langsam durch die Stadt bewegte. Unter einem Samtmantel mit silbernen Stickereien ruhte ihr großer Dirigent und Komponist auf Satinkissen, bedeckt mit Blumen und Lorbeer. Die Musiker führen den Zug mit einem seiner *Lieder ohne Worte* an. Am gleichen Abend wird sein Leichnam mit dem Zug nach Berlin gebracht.

Als Fanny und Felix sich zum letzten Mal trennten, hatte sie sich beklagt, er habe sie schon so lange nicht mehr an ihrem Geburtstag besucht. Als er in den Wagen stieg, hatte er ihr die Hand gegeben und gesagt: »*Verlass dich drauf, das nächste Mal bin ich bei dir.*«

Felix hielt sein Versprechen. Keine sechs Monate nachdem Fanny beerdigt worden war, wird er an ihrer Seite beigesetzt.

Epilog: Bergeslust

Berlin, 2018

Die Leipziger Straße schneidet wie ein Messer durch das Zentrum von Berlin. Sie beginnt am Potsdamer Platz, führt vorbei an der U-Bahn-Haltestelle Stadtmitte und zieht sich dann bis zur Spree. Eine japanische Touristengruppe trabt an mir vorbei und bleibt vor den Wandmalereien stehen, die eine Parade von Menschen in einem idealisierten Ostdeutschland zeigen.

Ich selbst gehe weiter, bis ich vor dem Tor zur Leipziger Straße 3 stehe. Es ist jedoch kaum möglich, ein Gefühl für die Zeit, in der die Familie Mendelssohn hier gelebt hat, entstehen zu lassen. Das alte Haus wurde schon lange abgerissen, der Garten asphaltiert.

Nach dem Tod von Fanny und Felix zerstreuten sich die Familien Mendelssohn und Hensel. Die Söhne von Felix mussten ihre Mutter verlassen und bei ihrem Onkel Paul aufwachsen. Der siebzehnjährige Sebastian zog zu seiner Tante Rebecka, weil der von Trauer niedergedrückte Wilhelm weder für sich, seinen Sohn oder sein Zuhause sorgen konnte. Fanny hatte sich um alles gekümmert: den Haushalt, die Finanzen, die sozialen Kontakte. Sebastian beschrieb es so, als sei sein Vater der Mutter ins Grab gefolgt.

Wilhelm malte überhaupt nichts mehr, er widmete sich von nun an der Politik, die hatte so gar keinen Bezug zu seinem und Fannys bisherigem Leben. Im März 1848 brach die Revolution aus, als eine Folge der französischen Februarrevolution, bei der die Juli-Monarchie gestürzt wurde, Wilhelm stellte sich natürlich auf die Seite des Königs. Als die Leute auf den Straßen Berlins Barrikaden errichteten, eskortiert er persönlich eine Prinzessin zum königlichen Palast. Nachdem die Armeen des Königs Hunderte von Revolutionären getötet hatten und die Ordnung wiederhergestellt war, besuchte Wilhelm die Gerichtsprozesse gegen die politischen Aktivisten und machte Skizzen von den Angeklagten.

Sebastian jedoch schloss sich den Widerständlern an und trat der Zivilgarde bei. Das hätte Fannys Herz gebrochen, Vater und Sohn auf verschiedenen Seiten kämpfen zu sehen. Vor der großen Demonstration am 18. März, an der Sebastian teilnehmen wollte, schloss Rebecka ihn resolut in seinem Zimmer ein. Als er am nächsten Tag durch die Stadt geht, sieht er umgestürzte Barrikaden und jede Menge Leichen, die abtransportiert werden. Rebecka hatte Sebastian, den einzigen Sohn ihrer geliebten Schwester, gerettet, er sollte später dafür sorgen, dass Fannys Andenken für die Nachwelt bewahrt wurde.

Im Jahr 1851 verkauft Paul die Leipziger Straße 3 an den preußischen Staat, das Haus diente als Parlamentsgebäude, bis es gegen Ende des Jahrhunderts abgerissen wurde.

Am Ende des Jahres 1861 wird Wilhelm zu den Tönen eines Liedes von Felix begraben, ebenfalls auf dem Friedhof der Dreifaltigkeitskirche. Er starb an den Folgen einer Verletzung, weil er heldenhaft einen Fußgänger im Verkehr gerettet hatte.

Als Sebastian die Hinterlassenschaft seines Vaters sichtet, findet er Tausende von gezeichneten Porträts – Familienmitglieder, Verwandte, Freunde und Kollegen –, all die Menschen, die die Leipziger Straße zu einem so einzigartigen

Schmelztiegel aus Musik, Literatur, Philosophie und Kunst gemacht hatten.

Im Jahr 1879 gibt Sebastian die Geschichte der Familien unter dem Titel *Die Familie Mendelssohn 1729-1847* heraus, sie berichtet anhand von Briefen und Tagebüchern von der aufgeklärten und in vieler Hinsicht besonderen Familie, von der Geburt von Moses Mendelssohn bis zum Tod von Sebastians Mutter und des Onkels im Jahr 1847. Der Musikprofessor R. Larry Todd meint, seine Absicht sei gewesen, ein Bild der Mendelssohns als vollkommen assimilierten Christen und geachteten preußischen Bürgern zu zeichnen, die einen unschätzbaren Beitrag zur deutschen Kultur in Form von Musik, Kunst, Philosophie und nicht zuletzt Finanzen geleistet hatten. Alles, was nicht in dieses Bild passte oder in anderer Weise bei einem noch lebenden Familienmitglied Anstoß hätte erregen können, ließ er weg. Aber durch dieses Werk wurde Fanny einem größeren Publikum bekannt, wenn auch mehr als Berliner Kulturpersönlichkeit und nicht so sehr als Komponistin.

Einige Jahre zuvor, nur drei Jahre nach dem Tod von Felix Mendelssohn, hatte, wie bereits erwähnt, Richard Wagner anonym den Essay *Das Judenthum in der Musik* veröffentlicht. Damals fand er keine große Verbreitung, aber knapp zwei Jahrzehnte später wurde er erneut veröffentlicht, diesmal unter Wagners eigenem Namen, und erreichte nun, in einer Zeit des wachsenden Antisemitismus, bedeutend mehr Leser. Und es waren die Argumente ihres Helden Wagner, auf die die Nationalsozialisten sich beriefen, als sie alles taten, um die Beiträge von Felix Mendelssohn zum deutschen Kulturkanon zu entwerten. Und das, obwohl sie ohne ihn kaum die Möglichkeit gehabt hätten, Bach als den exempla-

rischen arischen Komponisten zu verehren, den Deutschesten aller Deutschen. Das Denkmal von Felix vor dem Gewandhaus in Leipzig wurde zerstört, man veranstaltete einen Kompositionswettbewerb, um die sehr populäre Hochzeitsmusik
zu *Ein Mittsommernachtstraum* mit einer passenderen, »arischen« Komposition zu ersetzen. Die neue Version von Carl
Orff wurde 1939 in Frankfurt uraufgeführt, konnte sich
allerdings nie durchsetzen.

Der Dirigent Kurt Masur, eine treibende Kraft hinter der
Rehabilitierung von Felix Mendelssohn, hat erzählt, dass er
als junger Klavierschüler im nationalsozialistischen Deutschland die Möglichkeit bekam, einige *Lieder ohne Worte* zu
spielen, sein Klavierlehrer ihn jedoch ermahnte: »Mach die
Fenster zu, wenn du sie spielst, das ist verbotene Musik.«
Während des Dritten Reichs stand Mendelssohn auf der
Liste der verbotenen Komponisten. Um Fanny scherte man
sich nicht. Die Nationalsozialisten hielten vom künstlerischen Schaffen von Frauen genauso wenig wie das preußische Bürgertum.

Felix wurde auch subtiler verunglimpft, und nicht nur von
den Nationalsozialisten. Möglicherweise war es der Einfluss
von Wagner und seinen Gefolgsleuten, die das Bild von Felix' Musik als oberflächlich nährten, komponiert von einem
reichen Bankierssohn, der nie die Qualen des genialen Künstlers durchleiden musste, und der zudem auf allzu gutem Fuß
mit dem viktorianischen Hof stand. George Bernard Shaw
prangerte seine sakrale Musik als »widerwärtiges Oratoriums-Getöne« an. Die Karikatur des britischen Zeichners
Aubrey Beardsley von Felix, der ihn mit Schmollmund,
Schleifenbluse und in koketter Haltung zeichnet, unterstrich
das Bild eines feminisierten und eitlen Mannes und seine

Musik als »salong-chic«. Der Mendelssohn'sche Stil galt als überholt und oberflächlich.

Heute führen sowohl Fanny als auch Felix in ihrer Heimatstadt ein verstaubtes Dasein. Im Unterschied zu Leipzig, wo man das Musikzimmer von Felix restauriert und für das Publikum zugänglich gemacht hat, scheint man in Berlin nicht sonderlich stolz auf die genialen Geschwister zu sein. Die Gedenkorte, die es gibt, sind der Familie als Ganzem gewidmet, Felix und Fanny sind nur einige Puzzlesteine.

In der Jägerstraße 51, dem Haus, in dem Abraham und sein Bruder Joseph ihre Bankgeschäfte betrieben und in dem später einige der Nachkommen wohnten, hat man eine Dauerausstellung mit dem Fokus auf den Bankgeschäften der Familie eingerichtet. In dem einzigen Raum ist es stickig, fast unerträglich, aber das ist vermutlich nicht der Grund, dass ich die einzige Besucherin bin. Hierher finden nur die wirklich Interessierten, meint die freundliche Aufseherin, und das scheinen nicht viele zu sein.

Wieder in der milden spätsommerlichen Luft, beschließe ich, zu Fuß in die jüdischen Viertel in der Spandauer Vorstadt zu gehen, wohin die Mendelssohns 1825 zogen. Von der anderen Flussseite hatte Abraham es erheblich weiter zu seiner Arbeit. Ich folge seinem Weg, vorbei am Gendarmenmarkt und dem wunderbaren Konzerthaus von Friedrich Schinkel, erbaut 1821. Hier wurde Carl Maria von Webers Oper *Der Freischütz* uraufgeführt, mit den begeisterten Jugendlichen Fanny und Felix im Publikum. Fanny selbst durfte dort natürlich nicht auftreten, und sie konnte auch nie ihre eigenen Werke gespielt hören. Auf dem Programm der laufenden Saison finde ich keine Mendelssohns – nur

Beethoven, Bach, Mozart und Haydn. Man fragt sich natürlich, inwieweit es den Nationalsozialisten gelungen ist, die Bedeutung von Felix zu verunglimpfen und zu minimieren. Außer in England hat er heute kaum den gleichen Status wie die anderen deutschen Giganten.

Mein Spaziergang führt mich weiter am Bebelplatz vorbei, wo am 10. Mai 1933 die historische Bücherverbrennung der Nationalsozialisten stattfand. Die Bücherverbrennung war eine Aktion gegen den »undeutschen Geist«, man versuchte, die Ideen von Sigmund Freud, Rosa Luxemburg, Karl Marx, Stefan Zweig und Selma Lagerlöf in Asche zu verwandeln. Heute gibt es hier ein Denkmal in Form eines unterirdischen Raums, gefüllt mit leeren weißen Bücherregalen, die man durch eine Glasscheibe im Boden betrachten kann. Daneben stehen auf einer Bronzeplatte Heinrich Heines geflügelte und erschreckend hellsichtige Worte: *»Das war ein Vorspiel nur, dort wo man Bücher verbrennt, verbrennt man am Ende auch Menschen.«*

Auf der anderen Seite der Spree lagen früher die jüdischen Viertel. Jetzt ist die Gegend eine gentrifizierte alternative Touristenmeile mit Secondhand-Läden, Parks, Saftbars und Nachtclubs. Mitten zwischen lauter Musik und Kebab-Geruch liegt versteckt der alte jüdische Friedhof Berlins. Im Jahr 1672 errichtet, wurde er 1943 von den Nationalsozialisten zerstört, die einen Schützengraben quer durch den Platz anlegten. Grabsteine wurden vernichtet, die Gebeine der Toten aus der Erde geholt. Wunderbarerweise überstand der Grabstein von Moses Mendelssohn die Zerstörung, er wurde mehrfach restauriert. Da steht er nun, in dieser von Efeu fast vollkommen überwachsenen kleinen, historischen Oase.

Vermutlich hat sich Sebastian Hensel bis zu seinem Tod um Fannys Musik gekümmert. Aber außer ein paar Ausgaben von 1850, vielleicht auf das Anraten von Felix, bevor er starb, dauerte es sehr lange, bis eine größere Anzahl ihrer Werke veröffentlicht wurden. Hin und wieder hat jemand eines ihrer Werke gespielt – Clara Schumann 1855 in Göttingen, und der Pianist Otto Dressler ließ das Bostoner Publikum Fannys Klaviertrio hören. Zu Beginn des 20. Jahrhunderts wurden einzelne Stücke in Sammlungen mit anderen Kompositionen publiziert.

Eine sehr lange Zeit haben Fannys über fünfhundert Werke im Mendelssohn-Archiv der Staatsbibliothek in Berlin unter Verschluss gelegen. Die Sammlung wurde 1964 von einem Nachkommen von Felix der Bibliothek als Schenkung übergeben. Der verantwortliche Archivar hat nur sehr ungern Fannys Noten und Manuskripte herausgegeben. Das Interesse an ihr ärgerte ihn, sie sei doch nur eine Hausfrau gewesen. Aber in den 1970er und 1980er Jahren begannen immer mehr Musikforscherinnen sich für die »andere Mendelssohn« zu interessieren, vielleicht weil es allgemein ein verstärktes Interesse an Frauengeschichte gab. Zu Beginn der 1990er Jahre wurden zwei Bände mit ihren gesammelten Liedern und ihrem Streichquartett publiziert.

Die erste richtige Biografie wurde 1992 von Françoise Tillard geschrieben, zunächst auf Französisch, zwei Jahre später erschien sie auch auf Deutsch und Englisch. Die Musikhistorikerin Marcia Citron hat eine Auswahl von Fannys Briefen an Felix gesammelt, redigiert, übersetzt und herausgegeben, 279 Briefe. R. Larry Todd hat zuerst eine sehr umfangreiche Biografie über Felix und dann auch eine über Fanny geschrieben.

Fannys Musik wird heute auch in großen Konzerthäusern überall in Europa gespielt, nicht selten aus der Motivation heraus, ein geschlechtlich etwas ausgewogeneres Repertoire zu präsentieren. Ich hatte meine erste Begegnung mit ihr in Uppsala, wo das Uppsala Kammerorchester im Jahr 2014 die *Ouvertüre in C-Dur* spielte. Während ich dieses Buch schreibe, kann ich das gleiche Stück in der Berwaldhalle in Stockholm hören, wo es unter der Programmüberschrift *Schwestern, Gattinnen, Suffragetten* gespielt wird. Als ihre *Ostersonate* im Jahr 2017 zum ersten Mal unter ihrem Namen aufgeführt wurde, war ihr Name sogar eine Nachricht in schwedischen Medien wert.

Ich trete durch die mit bunten Graffiti verzierte Maueröffnung am Mehringdamm in Kreuzberg. Die Geräusche von Straßenarbeiten und Verkehr werden leiser. Es ist eigenartig still. Tannen, Zypressen und Laubbäume haben offenbar jahrelang wild wachsen dürfen. Hier ist es auf eine sehr undeutsche Art verwildert.

Die meisten Namen auf den Grabsteinen sagen mir nichts. Aber ich bleibe stehen, als ich *Rahel Varnhagen* lese, die jüdische Salongastgeberin, die Heinrich Heine »die kleine Frau mit der großen Seele« nannte und die die Philosophin Hannah Arendt sehr fasziniert hat. Ein Stück weiter liegen auch Abraham und Lea Mendelssohn.

Die Augustsonne ist sanft und wohltuend nach der extremen Hitze des ganzen Sommers. Die Luft ist rein und klar, so wie Fanny es mochte. Ich bleibe stehen, hole tief Luft.

Und dann, da vorne in der linken Ecke, sehe ich ihn. Ihren

Grabstein. *Deinen Grabstein.* Du, mit der ich so viele Stunden in den letzten Jahren verbracht habe. Ich habe dich analysiert, zu verstehen versucht, mich manchmal vielleicht sogar in dir gespiegelt. Wer warst du? Was hast du gefühlt? Was hat dich angetrieben? Es hat dich tatsächlich gegeben.

Dein Grabstein ist eine glatte Steinplatte. Zu beiden Seiten sind zwei Kreuze errichtet worden. Für Felix und Wilhelm. Du liegst zwischen deinem Bruder und deinem Mann, als Mitte der Dreieinigkeit, die ein so wichtiger Teil deines Lebens war. Die du so sehr geliebt hast. Felix war der große Komponist. Aber auf deinen Grabstein sind Noten eingraviert. Es ist ein Stück aus *Bergeslust*, das Lied, das du am Tag vor deinem Tod geschrieben hast, du warst so voller Leben und Vertrauen in die Zukunft. Ich schicke einen dankbaren Gedanken an denjenigen, wer immer es war, der dich als Komponistin und nicht als Schwester oder Ehefrau deine letzte Ruhe finden ließ. Dann summe ich die fröhliche Melodie.

Gedanken geh'n und Lieder bis in das Himmelreich. Unsere Gedanken und Worte strecken sich in den Himmel.

Genau das hast du gemacht. Dich gestreckt. Ein bisschen weiter, als es eigentlich möglich war.

Musikalisches Glossar

Arie ist ein Sologesang in einer Oper oder einem Oratorium.

Arpeggio ist ein musikalischer Begriff, der angibt, dass die Töne in einem Akkord hintereinander gespielt werden, üblicherweise von unten nach oben und nicht gleichzeitig.

Barockmusik ist Musik, die in der Zeit zwischen 1600 und 1750 komponiert wurde (Epoche des Barock); sie ist unter anderem durch modernes harmonisches Denken und eine systematisch durchgeführte Mehrstimmigkeit gekennzeichnet.

Etüde ist ein instrumentales Übungsstück, oft für ein Tasteninstrument.

Fuge ist eine Musikform mit meist drei oder vier Stimmen, die in geregelten Imitationsstrukturen auftreten. Das Wort bedeutet eigentlich »Flucht«, was darauf hinweist, dass das Thema an unterschiedlichen Stellen der einzelnen Stimmen auftritt.

Kammermusik war ursprünglich Musik, die in einer »Kammer« aufgeführt wurde, zum Beispiel bei einem Fürsten, im Unterschied zu Musik für eine Kirche oder das Theater. Im 19. Jahrhundert versteht man darunter vor allem Musik für intimere Veranstaltungen, gespielt von wenigen Musikern, üblicherweise zwei bis acht, wobei jedes Instrument eine Stimme spielt.

Kantate ist eine Komposition für Stimmen und Instrumente über einen zusammenhängenden weltlichen oder kirchlichen Text. Sie ist weniger umfangreich als die Oper oder das Oratorium.

Klavierkonzert ist eine größere Komposition für Klavier und Orchester.

Kontrapunkt ist eine Kompositionstechnik, bei der die Musik aus mehreren selbständigen Stimmen besteht; es ist auch die Lehre über diese Technik.

Libretto ist der Text zu einem musikdramatischen Werk, einer Oper oder Operette.

Lied bezeichnet in der klassischen Musik einen instrumental begleiteten Sologesang oder eine Romanze, besonders seit dem 19. Jahrhundert.

Oratorium ist ein musikalisches Werk für Gesangssolisten, Chor und Orchester, oft auf Texten aus der Bibel basierend.

Ouvertüre ist ein instrumentales Einleitungsstück zu einem größeren szenischen Werk, wie einer Oper oder einem Ballett oder Oratorium.

Partitur ist die mehrstimmige Notation von Instrumenten/ Stimmen über- und untereinander.

Pianissimo gibt an, dass man sehr leise spielen soll, in den Noten mit »pp« abgekürzt.

Polyphonie ist Musik, die aus zwei oder mehr selbständigen Stimmen besteht.

Präludium ist ein Instrumentalstück, das einem größeren Werk voransteht. Seit dem 19. Jahrhundert wird der Begriff auch für kurze, selbständige Stücke verwendet.

Ritardando ist eine musikalische Tempobezeichnung, die angibt, dass man »langsamer werdend spielt«. Abkürzung ist »rit«.

Scherzo ist ein Musikstück mit einem leichten, ausgelassenen Charakter. Seit Beethovens Zeit hat das Scherzo oft das Menuett als zweiten oder dritten Satz in Symphonien oder Sonaten ersetzt.

Sonate ist eine instrumentale Genrebezeichnung, die zu unterschiedlichen Zeiten Unterschiedliches bedeutet hat. Während des Klassizismus und der Romantik verstand man unter einer Sonate ein mehrsätziges Kammermusikwerk für ein oder mehrere Instrumente.

Sonatenform ist eine der wichtigsten Formen in der Instrumentalmusik seit dem Klassizismus. Die Sonatenform besteht in der Regel aus drei Hauptteilen: Exposition (der Themen), Durchführung (die Themen werden bearbeitet) und Wiederholung (der Themen). Dieser Formtyp wurde vor allen im ersten Satz von mehrsätzigen Werken wie Sonaten, Quartetten oder Symphonien und in einsätzigen Werken wie Ouvertüren verwendet.

Staccato gibt an, dass ein Ton kürzer gespielt werden soll, als die Noten angeben.

Streichquartett ist eine Komposition für zwei Violinen, Viola (Bratsche) und Violoncello, und außerdem die Bezeichnung für ein Ensemble mit dieser Besetzung.

Symphonie ist ein mehrsätziges Werk, meist für Orchester, im 19. Jahrhundert auch mit Chor und Solisten.

Tremolo bezeichnet in der Instrumentalmusik eine sehr schnelle Wiederholung des gleichen Tons oder Akkords.

Trio ist eine Komposition für drei Instrumente, oft Klaviertrio (Klavier, Violine und Cello) oder Streichtrio (zwei Violinen und Cello oder Violine, Viola und Cello).

Danksagung

Für Lektüre und Kommentierung des Manuskripts danke ich Mattias Lundberg, Professor für Musik an der Universität von Uppsala; Henrik Berggren, Historiker und Schriftsteller; Anders Hammarlund, Wissenschaftler und Schriftsteller; Ola Nordenfors, Wissenschaftler; Solveig Wikman, Pianistin; der Plattenfirma dB Productions und ihrem Produzenten und Geschäftsführer Erik Nilsson, sowie Bertil Wikman, Pianist und Musikwissenschaftler.

Mein Dank gilt außerdem Johannes Lundborg, Per Johansson, Linda Brandemark, Marcus Lundgren, Marie von Post-Skagegård, Lars-Åke Skagegård, Maya Skagegård und Sara von Post. Großer Dank gilt auch dem Leopard Förlag, der an das Buch geglaubt hat, noch bevor es geschrieben wurde, und ganz besonders an meine Lektorin Maja Hellsing, die eine unschätzbare Hilfe war.

Quellenverzeichnis

Hannah Arendt: Rahel Varnhagen. Lebensgeschichte einer deutschen Jüdin aus der Romantik. München 1981.

Marcia Citron (Hrsg.): The Letters of Fanny Hensel to Felix Mendelssohn. New York 1987.

Eduard Devrient: Meine Erinnerungen an Felix Mendelssohn Bartholdy und seine Briefe an mich. Leipzig 1869.

Therese Devrient: Jugenderinnerungen. Stuttgart 1905.

Amos Elon: Zu einer anderen Zeit. Porträt der jüdisch-deutschen Epoche (1743-1933). Aus dem Englischen von Matthias Fienbork. München 2003.

Rudolf Elvers (Hrsg.): Felix Mendelssohn Bartholdy. Briefe. Frankfurt am Main 1984.

Felix Gilbert: Bankiers, Künstler und Gelehrte: unveröffentlichte Briefe der Familie Mendelssohn aus dem 19. Jahrhundert. Tübingen 1975.

Max Hecker (Hrsg.): Briefwechsel zwischen Goethe und Zelter: 1796-1832. it 915. Frankfurt am Main 1997.

Fanny Hensel: Tagebücher. Wiesbaden 2002.

Fanny Hensel: Briefe aus der Verlobungszeit. München 1997.

Sebastian Hensel: Die Familie Mendelssohn: 1729-1847. Nach Briefen und Tagebüchern. it 1617. Frankfurt am Main 1995.

Ferdinand von Hiller: Felix Mendelssohn-Bartholdy. Briefe und Erinnerungen. Köln 1874.

Herbert Kupferberg: Die Mendelssohns. München 1972.

Bertold Litzmann (Hrsg.): Clara Schumann: Ein Künstlerleben nach Tagebüchern und Briefen. Leipzig 1925.

Adolf Bernhard Marx: Erinnerungen. Aus meinem Leben. Berlin 1865.

Reisebriefe aus den Jahren 1830 bis 1832. Herausgegeben von Paul Mendelssohn-Bartholdy.

Malla Montgomery-Silfverstolpe: Das romantische Deutschland. Reisejournal einer Schwedin (1825-1826). Aus dem Schwedischen von Marie Franzos. Leipzig 1912.

Jutta Rebmann: Fanny Mendelssohn. Ein biographischer Roman. München 1991.

Nancy B. Reich: Clara Schumann. Romantik als Schicksal – eine Biographie. Aus dem Englischen von Nancy B. Reich. Reinbek 1991.

Françoise Tillard: Die verkannte Schwester. Die späte Entdeckung der Komponistin Fanny Mendelssohn Bartholdy. Aus dem Französischen von Ralf Stamm. München 1994.

R. Larry Todd: Fanny Hensel – The other Mendelssohn. New York 2010.

R. Larry Todd: Felix Mendelssohn Bartholdy: Sein Leben – Seine Musik – Sein Werk. Aus dem Englischen von Helga Beste. Leinfelden-Echterdingen 2019.

Rahel Levin Varnhagen: Briefwechsel mit Ludwig Varnhagen. München 2001.

Eva Weissweiler: Fanny und Felix Medelssohn: Die Musik will gar nicht rutschen ohne Dich. Briefwechsel 1821 bis 1846. Berlin 1997.

Eva Weissweiler: Komponistinnen vom Mittelalter bis zur Gegenwart. München 1991.

Eugen Wendler (Hrsg.): »Das Band der ewigen Liebe«: Clara Schumanns Briefwechsel mit Emilie und Elise List. Berlin und Heidelberg 1996.

Marian Wilson Kimber: The »Supression« of Fanny Mendelssohn: Rethinking Feminist Biography, in: 19th Century Music 26,2. Berkeley 2002.